강일구 총장 에세이

개치네쒜

강일구 총장 에세이

개치네쒜

2021년 4월 8일 초판 1쇄 발행
2021년 7월 19일 개정판 1쇄 발행

지 은 이 | 강일구
펴 낸 이 | 김영호
펴 낸 곳 | 도서출판 동연
등   록 | 제1-1383호(1992. 6. 12)
주   소 | 서울시 마포구 월드컵로 163-3
전   화 | (02)335-2630
전   송 | (02)335-2640
이 메 일 | yh4321@gmail.com

ISBN 978-89-6447-678-9 03040

강일구 총장 에세이

| 개정판 |

개치네쒜

강일구 지음

동연

개 정 판 을
내 면 서

•••

에세이집 『개치네쒜』를 출판한 지 석 달 만에 초판이 완판되었다. 요즘엔 책을 사보는 이가 거의 없다는데 믿기질 않는다. 물론 내가 꽤 많은 부수를 지인들에게 증정하고 배포하긴 했으나 이렇게 초판이 다 나가리라곤 생각하지 못했다. 더구나 독자의 마음을 사로잡을 만한 책이라고 생각해본 적이 없던 터라 더 그렇다. 어쨌든 재판을 내기로 하면서, 초판을 읽은 지인들의 우정어린 지적과 권고를 받아들여 문장 몇 군데를 고치고 보완했다. 오탈자도 바로 잡았다. 그래서 개정판이 되었다. 바라기는 독자가 이 책을 읽을 때만이라도 코로나 때문에 생긴 우울한 마음이 풀리면 좋겠다.

2021년 여름 에이스텍 별실에서
강일구

머
리
말

　이 에세이는 나 자신을 되돌아보려고 평소의 생각을 글로 정리한 것이다. 평생을 가르치며 살아온 나로서는 이런 작업이 괜찮아 보인다. 더 나아가 소박한 인간적인 바람도 있다. 치매 방지를 위해서는 뇌를 훈련 시켜야 한다던데, 글쓰기가 좋은 방법이라고 들은 터다. 마다할 이유가 없다. 물론 내가 글을 쓴다고 해서 문인들의 유려한 문체나 무릎을 탁~ 칠 정도의 문장이 나올 리는 없다. 그러나 누가 아는가? 글을 쓰다 보면 내 문장력도 수려해질지.

　이 에세이집에 수록된 글은 생활 주변의 이야기나 그때그때 떠오르는 착상을 가벼운 마음으로 썼다. 깊은 사색이 요구되는 글은 피했다. 원고를 쓰는 동안 김대현 교수, 김동주 교수, 조태연 교수, 염창선 교수, 박진규 교수 등 우정어린 교수들의 도움에 감사한다. 그들의 번뜩이는 언어 구사나 단아한 문장은 언제나 나를 감탄케 했으

개치네쒜

므로 내 글 이곳저곳에 그들의 체취가 풍기는 것은 어쩔 수 없겠다. 김성룡 교수의 '숙살과 생장' 그리고 내 아호를 지어준 내력은 본인의 글 그대로 싣는다. 원고가 좋아서다.

이 에세이집이 나오기까지 조용한 방을 쓰도록 배려해준 에이스텍 황인수 사장님, 원고를 최종 감수해 주신 이지은 박사님과 좋은 삽화를 그려 준 염창선 교수의 딸 염은하 양에게도 감사한다. 그리고 이처럼 멋진 책의 출판을 위해 노고를 아끼지 않으신 도서 출판 동연의 김영호 사장님께도 감사를 드린다. 또 고장 나지 않고 기능을 잘 유지해준 컴퓨터, 너에게도 그렇다.

2020년 가을 에이스텍 별실에서
강일구

차
례

개정판을 내면서 · 5

머리말 · 6

1장 | 상상하고 생각하기

글쓰기를 연습하다 · 15

메멘토 모리 · 19

개치네쒜 · 22

구운 생선 먹는 방법 · 26

몽고 몽(夢) · 29

요새 애들 참… 다 내 탓이다 · 41

말 빗대기, 말 줄이기 · 44

2장 | 나와 가족들 이야기

어린 시절의 추억 · 51

나이가 들면서 · 56

"좋은 나이네, 아직 젊구먼" · 63

'호'(號)가 생겼다 · 67

파란 눈 사위 하곱 · 70

뛰어다니는 어린 손자와 야밤을 함께 · 72

손주들에게 좋은 할아버지 되기 · 76

할아버지, 나 알바할래요 · 80

3장 | 신학하기와 목회하기

주의 화원(花園)을 바라며 · 85

신학을 하게 된 계기 · 90

나의 자랑스러운 스승 · 95

그리스도교 고전으로 길을 찾다 · 100

아름답게 누워 있는 여인 '세실리아' · 105

기억에 남는 에피소드 · 110

목사는 사람이다 · 115

4장 | 역사와 예술 마주하기

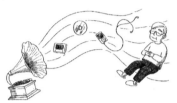

역사를 보는 눈 • 121

직선 사관과 순환 사관 • 127

관점의 차 • 132

우아한 예술과 광기의 예술 • 135

인물화 감상 • 143

〈모나리자〉를 마주한 느낌 • 147

울림이 있는 노랫말 • 151

5장 | 배움과 교양 쌓아가기

멘토이신 어버이와 스승에게 • 159

도끼질도 맛 들어야 • 163

인간의 행동 양식 • 167

노블리스 오블리쥬 이후의 리더십 • 171

협력하여 선을 이루자 • 175

대립하는 주장을 수용하는 제3의 길 • 179

숙살(肅殺)과 생장(生長) • 185

6장 | 코로나 세상 살아가기

코로나 사태는 역사의 변곡점인가? • 191

돌도끼가 사라져서 철기시대가 온 게 아니다 • 199

코로나 사태가 바꾼 일상들 • 203

코로나 사태가 관습을 개선했다 • 208

초등학생에게 물리적 거리를 두게 하기 • 211

아유 답답해 • 215

고지식함을 탈피하는 융통성 • 220

1 장

상상하고 생각하기

Bless you

글쓰기를 연습하다

라디오나 TV 방송을 들을 때 머리에 번쩍하고 스치는 말을 들으면 기억하려고 애쓴다. 순간적으로 지나치면 나중에 다시 그 프로그램을 듣기도 한다. 그것이 누구의 말이던 좋은 말, 아름다운 말을 마다할 이유가 없다. 아나운서가 슬쩍 던지는 위트 넘치는 언어 구사 역시 곱씹을 만하다. 이런 깔끔하고 감칠맛 나는 언어를 끊임없이 익혀 내 것으로 삼고 싶은 욕망이 있다. 언젠가는 내 언어 구사 능력이 제고돼 내 생각을 더욱 잘 표현할 수 있으리라는 기대 때문이다.

그뿐 아니라 신문의 사설, 문화면, 독자의 투고 또는 잡지에서도 의미 있거나 재미있는 글을 보면 오려 두거나 기록해 둔다. TV나 휴대폰에 등장하는 정보도 예외가 아니다. 그러나 실제로 그런 매체보다 라디오를 더 즐겨 듣는다. 정제된 언어를 사용하는 것이 내가 라디오를 선호하는 이유다. 그리고 휴대폰이나 TV를 오래 보면 눈이 불편하지만, 라디오는 긴 시간 들어도 괜찮다는 것이 또 하나의 이유다. 시각적 볼거리보다 청각이 주는 여운이 더 좋으니까.

파스칼이 말하길 사람은 생각하는 갈대라고 했다. 인간은 약하나 생각할 수 있어서 만물의 영장이고, 생각하기 때문에 동물과 다르다는 것이다. 동물이 아님에도 인간이 생각할 수 없다면 그건 치매 상태와 별로 다르지 않다. 치매 상태가 되고 싶은 사람은 없다. 그래서 의사들은 치매 방지를 위해 두뇌를 많이 사용하라고 권한다. 글쓰기로 두뇌활동이 활발해진다니, 그것참 묘하다.

중세의 시인 단테는 생각하는 것만으로는 불충분하고 생각을 펜으로 표현해야만 비로소 '시엔차'(scienza 즉 science)가 된다고 했다. 여기서 시엔차는 과학이나 학문이라는 뜻보다 '지식'이나 '이해'라는 뜻이다. 생각을 글로 옮겨야 그것이 비로소 내가 이해하는 지식이 된다는 말이다. 내가 생각하고 있는 것을 글로 써보니 단테의 말이 옳음을 알겠다. 그래서 내 생각을 글로 써서 나타내고 싶다.

은퇴 후 시간 여유가 생기면서 생각했던 것을 글로 정리하고 있다. 사실 과거에는 생각을 주로 말로 했다. 그러나 이제는 글로 쓴다. 현직으로 일할 때는 '해야 할 일'로 바빴지만, 지금은 내가 '하고 싶은 일'로 시간을 보낸다. 부담이 없으니 편안한 마음으로 글을 쓴다. 글은 단지 남에게 내 생각을 전달하는 역할만 하는 것이 아니라, 머릿속에 있는 생각을 정리하는 역할이 더 큰 것 같다. 하여 글쓰기는 지금 내게 선택이 아니라 필수다.

나는 가능한 한 짧은 문장으로 글을 쓴다. 긴 문장은 주제를 아리송하게 할 가능성이 있기 때문이다. 때로는 주어와 동사가 각기 따로 노는 이상한 문장이 되어 도무지 무슨 말을 하는지 모를 때도 있다. 그래서 단문을 선호하는데 단문을 반복하다 보면 생각이 명료해짐을 느낀다. 짧고 힘 있는 문장에 순백한 생각을 담고 싶다. 다만 긴 문장의 깊이 있고 우아한 맛을 모르는 바 아니기에, 문장력이 완숙

에 가까워질 때가 되면 긴 문장을 쓰려고 한다.

좋은 아이디어가 생각날 때마다 기록하는 것은 최근 습관 중 하나다. 그 내용은 컴퓨터에 기록한다. 내용을 자유롭게 편집할 수 있는 컴퓨터로 틈틈이 원고를 수정하는 과정에서 생각이 정리되고 문장도 다듬어진다. 아이디어 수준의 글이 잘 다듬어진 글로 거듭나게 되는 것에는 컴퓨터의 역할이 참으로 크다. 컴퓨터가 나오기 전의 저자들은 글을 일일이 원고지에 쓰거나 타자기에 썼다. 원고 교정에 애로가 많았다. 컴퓨터가 보편화 된 지금 보면 그들의 처지가 애처롭다는 마음조차 든다. 그런 의미에서 컴퓨터 만세, 노트북 만세다.

개치네쒜

메멘토 모리

　　　　　'메멘토 모리*memento mori*', 이 말은 '죽음을 기억하라', '너는 반드시 죽는다', '네가 죽을 것을 기억하라'를 의미하는 라틴어다. 반어법으로 풀면, 주어진 오늘을 겸허한 마음으로 겸손히 살라는 뜻이 된다. 인생을 보람 있고 값지게 살면서 죽음을 준비하라는 말이다. 그래서인지 메멘토 모리는 이제 일상적으로 많이 쓰이는 말이 되었다. 우리 시대에 필요한 마음가짐을 대변하기 때문일 것이다. 이 단어를 접할 때마다 생각나는 묘비의 글귀가 있다. 영국 웨스트민스터 대성당에 묻힌 한 성공회 주교의 묘비에 '죽음을 맞이하며 깨달은 한 가지 진실'이라는 글이 적혀 있다.

내가 젊고 자유로워 상상력의 한계가 없을 때

나는 세상을 변화시키겠다는 꿈을 가졌었다.

나이가 들어 지혜를 좀 더 터득했을 때

나는 이 세상이 쉽게 변하지 않으리라는 걸 알았다.

그래서 시야를 좁혀 내가 사는 나라를 변화시키겠다고 결심했다.

그러나 역시 불가능한 일이었다.

황혼의 나이가 되었을 때

나는 마지막 시도로

가장 가까운 내 가족을 변화시키겠다고 마음을 정했다.

그러나 아무도 달라지지 않았다.

이제 죽음을 맞기 위해 누운 자리에서 나는 문득 깨달았다.

만일 내가 나를 먼저 변화시켰더라면, 그것을 보고 내 가족이

변화되었을 것을

또한, 그것에 용기를 얻어 내 나라를 더 좋은 곳으로 바꿀 수

있었을 것을

그리고 누가 아는가, 세상까지도 변화되었을지!

20

좋은 글이다. 죽음은 느닷없이 찾아오므로 죽음을 잘 준비해야 한다. 누군가가 요한 웨슬리에게 물었다. "만일 지금이 당신 생애의 마지막 순간이라면 무엇을 하겠습니까?" 그는 "하던 일을 하지요"라고 대답했다. 지금 하는 일이 부끄럽지 않다는 말이다. 젊은 나이에 요절한 민족시인 윤동주도 서시序詩에서 하늘을 향해 한 점 부끄러움 없이… 주어진 길을 가겠다고 했다. 그렇다. 내가 스스로 부끄러움 없이 죽을 수 있다면 그만한 인생이 또 있겠는가? 게다가 나를 위해 진심으로 울어줄 사람이 있다면 그야말로 금상첨화錦上添花겠다. '메멘토 모리memento mori', 이 말을 항상 기억하자.

개 치 네 쒜

애당초 부실하게 태어난 건지 아니면 지
나치게 민감한 면역계를 지닌 탓인지 나는 봄가을에 꽃가루 알레르
기로 고역을 치른다. 눈이 따가우면 '아~ 때가 되었구나' 하고 준비
하지만, 시도 때도 없이 맑은 콧물이 줄줄 나오면 참 난감하다. 티슈
한 통을 다 비울 때까지 끊이지 않으니 말이다. 의사는 별것 아니라
며 알약을 주는데 이놈만 먹으면 입이 바짝바짝 마른다. 계속 졸려
운전하기도 힘들고 정신집중도 할 수 없어 하루가 영~ 꽝이다. 그렇
다고 약을 안 먹으면 종일 재채기하느라 온몸이 휜다. 눈 따갑고 코
막히는 고생 때문에 그렇지, 어찌 보면 알레르기는 나와 40년 이상
동행한 친구와 다름없다. 오랜 경험으로 요즘에는 요령이 좀 생겼
다. 그런데 문제는 알레르기 이놈이 자꾸 발전하는지 이제는 꽃가루

뿐만이 아니라 주변의 온도가 조금 변해도 재채기가 나온다. 나이 들어 약해지니 그런가 보다.

재채기 얘기가 나왔으니 말인데, 우리와 달리 서구인에게는 묘한 면이 있다. 코를 풀 때 코가 커서 그런지 조용히 풀지 않고 남보란 듯 당당하게 '흥~'하고 큰 소리 내면서 푼다. 그리고 아무렇지 않다는 표정으로 하던 일을 계속한다. 심지어 식탁에서조차 그런다. 그것 참! 그런 면이 있는가 하면 그들은 누가 옆에서 트림하면 그건 되게 싫어한다. 그리고 누가 재채기를 할라치면 독특한 배려(?)를 한다. 재채기한 사람에게 독일인은 '게준트하이트*Gesundheit*', 스페인사람은 '살루드*Salud*'라고 말한다. 그냥 인사말 정도의 의미일 뿐인데, 그것도 큰소리로 한다. 영미인은 '하나님께서 축복하시기를'(God bless you) 이라고 한다.

미국 유학 초창기였던 1970년대 어느 날 내가 재채기를 시원하게 해댔더니 곁에 있던 미국 학생이 나를 보고 큰 소리로 'God bless you!'(하나님의 축복이 있기를)라고 한다. 그때는 무슨 말인지 몰라서 당황했다. 그도 그럴 것이 알지도 못하는 미국 녀석이 갑자기 내게 축복한다니 벙벙할 수밖에. 살다 보니 서구인의 이런 표현은 재채기를 한 사람에게 하는 하나의 예의요, 관행임을 알게 되었다. 서양인들이 코 푼 후나 트림 후에는 왜 그런 말 없이 침묵하는지 여

전혀 알 수 없지만, 그냥 문화의 차이려니 하고 넘어가자. 내 관심은 재채기니까. 다만 왜 재채기를 한 후에만 유독 이런 배려를 하는 관행이 있는지 그것이 궁금했다.

여기저기 찾아보니 「내셔널 지오그래픽_National Geographic」에 설명이 있다. 14세기 유럽에 흑사병이 돌아 많은 사람이 죽었는데 이 병은 오늘의 콜레라와 비슷하다고 한다. 그런데 이보다 훨씬 더 앞선 800여 년 전 6세기에도 흑사병이 돌아 로마제국 수도 콘스탄티노폴과

개치네쒜

주변 지중해 항구도시의 주민 250만 명이 죽었다. 이 역병이 진정되던 590년에 교황 그레고리우스 1세는 재채기하는 사람에게 흑사병의 징조인가 싶어 '하나님께서 축복하시기를'(God bless you!)하고 쾌유를 기원했다. 여기서부터 재채기 후의 덧말이 유래됐다는 것이다.

재채기 후에 따르는 덧말이 외국에만 있는 줄 알았는데, 최근에 우리말에도 있음을 알았다. '개치네쒜'다. 사실인지는 모르나 이 덧말을 외치면 감기가 들어오지 못한다는 얘기도 전해진다. 에~춰! 하고 자연적으로 나오는 시원한 재채기 소리 후 듣는 감탄사가 '개치네쒜'다. '에이쒜'라고 해도 된단다. 둘 다 순수한 우리 표준말이다. 표준말치고는 참으로 괴팍하다. 그래도 외국 것보다 우리 걸 써야겠지. 재채기 나온~~ㄷ 에~춰! 개치네쒜!

구운 생선 먹는 방법

서양 사람들은 돈을 계산할 때 먼저 잔돈부터 계산하고 큰돈은 다음에 한다. 처음엔 이상했다. 그러나 차츰 서양사람들의 돈 세는 방법에 익숙해졌다. 익숙해지긴 했으나 왜 그렇게 세는지는 깊이 생각해보지 않았다. 그저 순서가 바뀐 것일 뿐이니 그럴 수도 있겠거니 했다. 그런데 불현듯 어떤 생각이 머리에 떠오른다. 통째로 상에 오른 구운 생선 한 마리를 그동안 먹던 순서대로가 아니라 역으로 한번 바꿔보자는 생각이다. 돈을 세는 방법이나 생선 먹는 방법에 공통분모가 있다면 그건 바로 순서의 문제다.

구운 생선을 먹을 때마다 생각한다. 어떻게 먹어야 깔끔하게 먹을 수 있을까? 우리는 생선을 먹을 때 맛있는 부분에 젓가락이 먼저 간다. 이렇게 먹다 보면 먹을 수 있는 부분과 먹을 수 없는 부분이 마구

개치네쒀

섞인다. 그러면 생선 접시가 자연히 쓰레기통처럼 된다는 것을 장담할 수 있다. 깔끔한 식사는 저리 가라다. 생선을 다 먹고 나면 생선 담았던 접시가 아주 지저분하게 된다. 나는 그게 싫었다. 구운 생선 먹는 동안 접시가 지저분해지지 않을 방법이 있을까? 우아하게 먹는 방법을 이리저리 생각하다가 묘책을 찾아냈다. 알고 보면 묘책이랄 것도 없다. 약간의 작업과 먹는 순서만 조금 조정하면 된다.

우아한 방법으로 구운 생선을 먹으려면 처음부터 접시에 생선이 통째로 오르지 말아야 한다. 뼈와 내장을 빼고 먹기 좋게 토막으로 접시 위에 올라와야 한다. 그러나 일상 서민들의 식탁이 어찌 항상 우아할 수만 있겠는가? 갈치 외에 꽁치 같은 생선이 토막으로 상에 오르는 것을 너무 기대하지 말아야겠다. 나도 이제 결혼한 지 어언 50년이 가까우니 현실에 적응해야 한다. 설거지에 도움도 되어야 하고 말이다. 자, 구운 생선을 어떤 순서로 먹는지 내 구상을 말해야겠다.

구운 생선 한 마리가 통째로 접시에 담겨 나오면 우선 생선 해체 작업부터 시작한다. 먹을 수 없는 대가리와 꼬리 부분을 떼어내 접시 한구석으로 몰아둔다. 이어 생선의 배를 길게 가른 후 내장을 발라내고 가운데 누워 있는 긴 뼈를 떼어내 대가리와 꼬리가 있는 한쪽으로 모은다. 이렇게 구운 생선을 먹을 때는 먹지 않을 것을 처음부터 따로 떼어 놓는 것이 좋은 방법이다. 남은 생선의 몸통은 두세 토막으로 먹기 좋게 나누면 작업 끝이다. 보기에도 좋고 먹기에도 좋다. 물론 이런 작업은 젓가락을 사용하므로 쉬운 일은 아니다. 그러나 그건 서양사람들 얘기다. 우리는 젓가락으로 이쯤은 요령 있게 해낼 수 있다.

이제는 먹을 준비가 다 되었다. 먹지 않는 것은 접시 한쪽에 따로 모아 두고, 접시 가운데엔 맛있게 먹을 것만 있으니 보기에 깨끗하다. 다 먹은 후에도 접시는 정돈되어 있다. 구운 생선을 생각 없이 먹던 옛날의 방식과 내가 제시한 방식으로 먹는 묘책을 비교해 보라. 옛날 방식은 생선을 다 먹고 나면 접시가 쓰레기통을 연상케 하는 데 비하여, 새 묘책은 접시 한 귀퉁이에 먹지 않는 대가리와 꼬리 내장 뼈 등이 있을 뿐 접시 전체는 정돈돼 있고 깨끗하다.

살코기부터 먹으면 접시가 어지러워 보이는데, 머리 꼬리 내장 뼈를 발라낸 후 남은 살코기를 먹으면 접시가 깨끗하게 보인다는 말이다. 믿지 못하겠거든 한 번 실천해 보시라. 어떤 순서로 먹든 생선을 맛있게 먹으면 되지만 이왕이면 먹고 지저분한 접시 보다 먹고 정돈된 접시가 좋지 않겠는가? 먹는 순서만 바꾸면 먹고 난 후의 접시 모습이 다르다. 분명히 구운 생선 먹는 방법에는 바람직한 방법과 그렇지 않은 방법이 있다. 적어도 내게는 말이다.

몽고 몽(夢)

　　　　　　　　언젠가 나는 서울역에 전시된 '목 빠진 역장'의 조각 인형을 보면서 여러 상념에 빠졌다. 그 인형은 남북 철도 연결을 목이 빠지게 기다리던 역장을 상징화한 것으로 통일을 희구하는 작품이다. 그 작품을 보면서 통일보다 더 큰 생각을 마음속에 상상해 본다. 옛 우리 선조들이 광활했던 만주 벌판과 시베리아를 활보했던 그때를 말이다.

　만주가 우리 땅이고 연해주가 우리 영토였던 적이 있었다. 역사에 가정은 없다. 그러나 상상할 수는 있다. 한번 상상해 보자. 조선 시대 당파싸움에서 왕이나 권력자가 정적에게 사약을 내려 죽이지 않고, 천 리 밖으로 추방령을 내렸다면 어땠을까? 우리나라는 동서 남쪽이 모두 바다에 막혀 천 리가 되지 않으니 갈 수 없다. 천 리를 가려면 부득불 북쪽 만주나 시베리아로 갈 수밖에 없다. 가족과 함께 수십 수백 명이 그곳으로 추방되어 그곳 땅을 개간하고 살아왔다고 가정해 보자. 지금쯤은 그들의 자손이 번성해서 우리 민족이 사는 우리 땅이 되어있을 것이 아니겠는가?

오래전 조선과 청나라의 협약 이후 만주는 사람이 거의 살지 않는 텅 빈 땅이었다. 그러나 19세기 중후반에 중국 화북지역의 가뭄으로 대기근이 발생하자 많은 중국 유민이 만주로 이주했다. 그 결과 지금은 인구 밀도가 아주 높은 중국의 땅이 되었다. 우리 땅으로 되돌리기에는 너무 늦었다. 만주는 그렇다 치자. 연해주와 시베리아는 어떤가? 한때 발해국이었던 이 땅들 역시 이제 우리의 것으로 할 수 있는 길은 없다. 확장정책을 쓰던 러시아가 사람이 별로 살지 않던 이 동토의 땅을 이미 차지해 자기네 땅이라고 말뚝 박고 똬리 틀고 앉았다. 이처럼 과거에는 임자 없던 땅들이 이제는 이미 남의 나라 영토가 되어 달라고 할 수도 없고, 전쟁으로도 얻을 수 없는 땅이 되어 버렸다. 그렇다고 방법이 없을까?

이런 방법은 어떤가. 우리가 정치 외교적으로 러시아와 잘 타협해서 연해주나 시베리아 땅을 이용하는 방법 말이다. 장기적으로(100년 단위로) 임대해 쓰는 방법이 있겠다. 어차피 러시아는 이 넓은 땅 일부만을 군사용으로 쓸 뿐 나머지 땅은 별로 쓸 데가 없을 테니 적절한 조건이라면 임대가 가능할 것이다. 그러면 우리는 이 땅에서 저온에서 기를 수 있는 작물을 대규모로 경작한다든지, 추운 기후에도 적응하는 신종 벼를 심는다든지 하는 사업을 구상하면 된다. 장래 닥칠지 모를 식량문제 해결에도 도움이 될 것이다.

그런데 만주나 시베리아, 또는 알래스카보다 우리에게 더 현실적이고 유용한 지역이 있다. 바로 몽골이다. 내가 꿈꾸는 땅이다. 몽골은 어떤 곳인가? 인구는 적고 땅이 넓은 나라다. 그리고 무궁무진한 지하자원이 있는 나라다. 화학 주기율표에 나오는 자원이란 자원은 다 있는 땅으로 알려져 있다. 한반도의 7배가 좀 넘고, 남한의 15배쯤 되는 국토면적에 거주민은 우리나라 인구의 25분지 1이고 남한 인구의 17분지 1 정도인 300만 명이 조금 넘는 정도다. 주민 대부분은 동부 울란바토르 주위에 몰려 산다고 한다. 어느 모로 보아도 자연 자원이 많아 개발 가능성이 아주 큰 나라다. 한편 우리에게는 선진기술과 인력이 많다. 서로 가지고 있는 자원과 기술이 만나면 몽골과 우리 모두에게 유익할 것이다.

오늘의 정치 지도자들에게 하고 싶은 말이 있다. 나 같은 사람의 말을 귀 기울여 듣지 않겠지만, 그래도 말해보련다. 아니 부탁하고 싶다. 사소한 말장난 같은 정치 싸움은 제발 그만하고 나라를 위한 큰 포부와 기개를 가지라고 말이다. 정치인들이여! 그대들은 옛 고

구려 땅이나 발해 땅이 한때 우리 땅이었다는 사실을 아는가? 우리의 긴 역사는 외면하고, 섬도 아니면서 섬나라와 같은 오늘 우리의 현실에 만족하는가? 서로 치고받는 정략적 싸움만 할 것인가? 말 타고 호령하며 달리던 선조들의 모습을 기억하기 바란다. 나는 지금도 우리와 몽골이 한 나라가 되는 꿈을 꾼다. 물론 이런 이야기를 입 밖에 내면 욕을 바가지로 먹는다는 것 정도는 안다.

지금이 19세기냐? 제국주의 같은 전 근대적 발상이나 하게. 땅덩어리만을 염두에 두다니 쯧쯧. 부동산 투자가 전국을 휩쓸다 보니 너까지 미쳤구나. 시대에 뒤떨어지고 망상에 빠진 덜떨어진 놈 같으니.

아마 이런 얘기들을 할 거다. 그래도 괜찮다. 아무리 그래도 나는 그렇게 생각하지 않으니까. 몽골에 관심을 두고 상상하는 것은 남의 땅이 탐나서가 아니다. 우리가 그들보다 국력이 조금 강하다고 해서 약한 그들을 힘으로 제압하려는 것도 절대 아니다. 그런 생각은 정말 제국주의적 발상일 뿐이다. 나는 기본적으로 평화주의자다. 국가 간에 심각한 마찰을 일으키거나 전쟁이 일어나도록 도발하는 것, 그런 것을 절대 원하지 않는다.

이것도 상상이지만 우리나라 지도자가 몽골 지도자에게 이런 제

개 치 네 쉐

언을 하면 어떨까?

당신네 국민이 우리나라로 오고 싶으면 마음대로 와도 좋습니다. 자유
롭게 돌아다니고, 하고 싶은 일도 자유롭게 다 하십시오. 대신 우리나라
국민도 당신 나라에 마음대로 다니도록 신사협정을 맺읍시다. 여권이니
'비자'니 하는 것 다 폐지하고 자유 왕래합시다.

내 생각에 이런 제언은 별로 나쁠 것 같지 않다. 그렇게 한다고 몽
골 인구 300만이 다 우리나라로 이주할 것 같지는 않다. 기껏해야
30만 명 정도겠지. 그 정도는 우리가 소화하는 데 아무런 문제가 없
다. 왜 그러냐고? 지금 국내에 동남아인들이 100만 명 이상 들어와
있다고 하는데 어디 있는지 잘 보이지 않는다. 그러므로 30만 명 정
도 들어와 봤자 문제가 되지 않을 것이다. 게다가 몽골인은 우리와
같은 우랄 알타이족으로 민족적 뿌리가 같다. 얼굴의 생김새로는 거
의 구별할 수도 없다. 갓 태어난 아기 엉덩이에 소위 말하는 푸르스
름한 몽고반점이 있는 것까지 같다. 섞여 있어도 표가 나지 않는다
는 말이다. 다만 오랫동안 서로 떨어진 지역에서 살았기 때문에 사
용하는 언어와 그에 따른 문화가 다를 뿐이다. 그 점도 어렵지 않다.
두 언어 모두를 공용어로 쓰면 되니까. 세계엔 두 언어를 공용어로

쓰는 나라가 많다. 문화는 세계적인 추세가 다문화 사회로 나가기 때문에 이것도 별문제가 없다.

　내 상상을 긍정적으로 생각해보라. 누가 아는가? 깊이 생각하고 잘 다듬으면 훌륭한 국가 정책이 될지…. 그런 날이 오기를 기대하며, 이제 내가 꿈꾸는 것을 좀 더 자세하게 설명해 보려고 한다. 세 단계로 말할 수 있겠다.

　1) 첫 단계, 양 국민의 거주 이전 등 자유 왕래를 보장하자. 두 나라 사이에는 여권도 필요 없고 비자도 필요 없다. 국내와 똑같이 여기자. 몽골 사람들은 자기네보다 선진 사회인 한국을 동경하고 선호한다고 한다. 한국 방문을 싫어하지 않을 것이므로 이 부분은 문제가 없다. 문제는 한국인이 몽골로 가야 하는데 관광 외에는 가고 싶어 하는 사람이 별로 없을 것이다. 투자의 경우도 약간의 어려움이 예상되기는 한다. 그러나 그런 경우도 해결책이 어려울 것 같지는 않다. 우리 한국 기업들은 플랜트 사업을 많이 해 왔다. 이것을 원용하면 된다.

　한국의 정치 지도자가 기업 설득에 나서면 가능할 것이다. 인구도 거의 없고 지하자원은 풍부한 몽골 여러 지역에 인공적인 계획도시 플랜을 세워 그곳에 재산이 많은 사람이나 기업이 투자하도록 유도

하자. 물론 우리나라는 민주주의 국가이므로 무조건 강제로 가라고 하면 안 될 것이다. 그러나 기업의 입맛에 맞는 당근을 가지고 수완 좋은 정치 기획력만 발휘한다면 그리 어렵지 않게 기업을 설득할 수 있을 것이다. 왜 지난 시대에 우리가 뜨거운 모래밭으로 뒤덮였던 중동에 공장도 지어주고, 상수도도 놓아 주었으며, 발전소도 건설하지 않았는가. 종합 플랜트로 신도시도 건설하고 높은 빌딩도 지어주었다. 이런 경험을 몽골에 적용해 몽골이 매력 있고 멋있는 곳이 되어 누구나 가서 살고 싶은 공간으로 만든다면 많은 문제가 해결될 것이다. 오, 내 꿈으로만 머물지 않기를….

  그렇게 하면 당장에 좋은 점이 있다. 우선 청년들의 일자리 문제가 해결된다. 지금 일자리가 없어 방황하는 청년들이 많다. 이들을 자본이 투입돼 자원을 개발하고 계획도시가 들어서는 곳에 보내 일하도록 하면 일자리도 창출되고 청년실업도 해결되는 등 꿩 먹고 알 먹고 아닌가? 만약 청년들이 그곳이 열악하다고 가지 않으려 하면 국내보다 배 이상 후한 임금을 주어 보내자. 그래도 가지 않는 청년이라면 그는 아마 '마마보이'거나 '파파걸'일 것이다. 이도 저도 아니라면 패기 없는 청년일 거다. 그들은 어디 가서 살아도 그저 그 꼴로 살 것이다. 그러니 그런 청년은 아예 잊어버리자. 우리의 과학 기술과 대기업의 자본, 우리 청년 인력이 가서 몽골을 가장 이상적인 삶의 터전으로 개발한다면, 머지않아 사람들이 서로 그곳에 가려고 줄을 설 때가 오리라. 그곳이 정말 살만한 곳이 될 것이다. 풍부한 자원 있는 곳에 능력 있고 일자리 찾는 청년들을 보내 새 세상을 만들자는 것이 내 생각이다. 그리고 함께 잘살자는 것이다.

아니면 국가사업으로 해도 된다. 예비타당성을 면제하는 조건으로 국비를 들여 특수직 국가 공무원을 뽑아 보내 개발하는 프로젝트를 만들어도 된다. 공무원이 되려고 몇백대 일의 시험을 치니 많이 뽑아서 많이 보내면 된다. 인력이 충분해 별문제 없어 보인다. 이런 프로젝트를 반복하다 보면 몽골 각지에 새 도시가 생기고 사람들이 살고 싶은 곳이 될 것이다. 주민의 대다수가 한국의 젊은 청년들이고 도시가 활력을 얻게 된다면, 그곳은 누구나가 살고 싶은 곳이 되리라. 아마 그곳의 부동산 시세도 올라갈 것이 틀림없다.

2) 둘째 단계, 한국과 몽골이 자유롭게 왕래하는 단계를 넘어 이제는 양국을 느슨한 연방 형태로 한 나라가 되는 방향으로 합의하도록 하자. 양국은 여전히 주권을 가진 나라로 존재하지만 아주 가까운 이웃이 되는 것이다. 지방자치를 강화하면서 서로 가까워질 정책들을 꾸준히 세워나가면 된다. 언어는 다르나 몽골어와 한국어 두 언어를 국가 공동언어로 지정하자. 오랫동안 따로 살아왔으나 유대를 강화하여 서로 소외되지 않도록 정치 사회적으로 잘 유도하자.

개치 네쉐

재정, 주거, 교육, 문화 등을 하나로 동화되도록 방향을 잡으면 된다. 양 국민이 섞이게 되고 지역 중심의 자치제가 강화되고 몽골이 잘 사는 곳, 선진 사회가 되어 한국과 거의 대등한 수준에 이르게 되면, 그곳의 인구도 증가할 것이다.

그리고 지구 온난화로 지구가 점점 더워진다는 점을 생각해보자. 온난화 영향으로 추운 지역이 많은 몽골이 더 나은 환경으로 변할 것 같다. 이 점이 아이러니지만 지구 온난화의 긍정적인 측면이라 하겠다. 상시 동토였던 땅이 활용 가능한 땅으로 변하니까. 더구나 사람들이 거의 살지 않는 몽골 서북부 지역의 땅은 미세먼지도 없다. 그뿐 아니다. 넓은 땅을 제공할 수 있는 몽골의 국토조건은 땅을 좋아하는 우리에게도 나쁘지는 않다. 좁은 한반도에서만 아웅다웅할 필요가 없으니까 말이다. 부동산 좋아하는 사람들을 만족시키기에 충분할 것이다. 여러 가지 면에서 몽골은 앞으로 매력적이고 살기 좋은 땅이 될 것이다.

3) 세 번째 단계, 우리가 이 단계로 진입하기 위해 먼저 정치적으로 준비할 것이 있다. 우리 정치체제를 이원집정부제나 아니면 명목상의 대통령이 있는 실질적 내각책임제로 하는 것이다. 그도 아니면 의례적인 최고 예우를 받는 대통령과 강력한 실권을 가진 총리 형태로 하든지, 어쨌든 명목적인 최고 지도자와 실제로 권력을 가진 실

권자 제도를 가지는 것이 좋겠다. 말하자면 입헌 군주제 비슷한 형태가 내가 생각하는 것과 가까울 것이다. 마치 영국이나 스웨덴 또 네덜란드와 비슷하게 말이다. 물론 그에 이르기까지는 정치적으로 어려움이 있어 쉽지는 않을 것이다. 이런 배경에서 인구가 적고 국력이 약한 몽골 지도자에게 우리나라 권력자가 "당신이 대통령 하시오. 나는 총리 할테니" 하고 예우해 주면 어떤가? 합의만 된다면 두 나라는 한 나라가 될 수 있지 않을까?

어떤 사람은 영토가 서로 떨어져 있으니 불가능한 일이라고 말할 수도 있다. 그러나 보라! 파키스탄과 방글라데시가 영토는 서로 떨어져 있었지만 한 나라였을 때가 있었고, 이집트와 시리아 역시 떨어져 있지만, 한때 한 나라로 있었다. 지금도 그런 경우가 있다. 미국만 해도 알래스카와 미 본토가 떨어져 있는데 한 나라가 아닌가? 덴마크와 그린랜드도 그렇다. 영토가 떨어져 있는 것은 문제가 안 된다.

문제는 외적 조건이 아니라 내적 조건이다. 마음의 문제다. 우리가 대륙적인 기상을 마음에 품고 있느냐다. 큰 비전이 있느냐다. 아니 우리가 발상의 전환을 할 수 있느냐는 것이겠다. 한 정치 지도자가 출현해 뱀처럼 지혜롭게 외교적인 수단을 발휘한다면 왜 안 되겠는가? 그런데 내 견문이 좁아서 그런지는 모르겠지만 아무도 그 비슷한 얘기조차 입에 담는 것을 들은 적이 없다. 내게는 보이고 느껴

져 꿈도 꾸는데 우리 정치 지도자들에게는 왜 이런 꿈이 보이지 않는 것일까? 아니, 꿈은 꾸는데 말하지 않는 걸까?

　물론 앞서 말한 것처럼 대내외적으로 난관이 적지 않을 것이다. 대내적으로 헛소리라는 말을 들을 것이다. 혹자는 구시대적인 발상이라고 비판할 것이다. 그러나 내가 생각하는 목표는 18세기나 19세기처럼 영토를 확장하자는 얘기가 아니다. 경제 영역을 확장하자는 얘기다. 묻혀 잠자고 있는 자원을 개발하여 서로 Win-Win하고 잘살아보자는데 목표가 있다. 불모의 땅을 개발하여 사람들이 가장 살고 싶은 곳으로 만들어 보자는데 제국주의 운운하는 것은 가소롭다.

역사는 우연에서 비롯되기도 하고 한 사람의 꿈에서 시작되기도 한다. 꿈이 있는 곳에 성공이 있다. 꿈꾸지 않으면 아무것도 이루어지지 않는다. 상상 속의 아이디어에도 대외적으로 극복해야 할 난관이 없는 것은 아니다. 우선 몽골과 한국 사이에 있는 만주를 자기네 영토로 가지고 있는 중국이 당연히 반대할 것이다. 아니 반드시 반대한다. 이 대목에서 유능한 정치 지도자의 출현을 기대하는 것이다. 실력 있는 정치 지도자라면 이런 외교 현안을 잘 처리할 수 있으리라. 유능한 지도자는 그렇게 한다. 나는 상상한다. 그리고 꿈을 꾼다. 우리 다 같이 몽골에의 환상, 몽골 몽상을 가져보자!

개치 네쉐

요새 애들 참… 다 내 탓이다

점심때다. 날은 맑은데 좀 춥다. 우리 일행 여섯은 점심을 따끈한 국물이 있는 것으로 하자고 의견일치를 보았다. 마침 길 건너편에 새로 문을 연 곰탕집이 있어 그곳으로 몰려갔다. 정오가 조금 넘어서인지 앉을 자리가 없었다. 식탁이 예닐곱 개 정도 되는 그리 크지 않은 곳인데 모든 자리가 꽉 찼다. 다른 데 가기도 그렇고 하여 비좁지만 문 앞에 서서 자리가 나기를 기다리기로 했다.

그런데 한 쪽을 보니 여자애들 다섯 명이 밥을 먹고 있다. 여대생들 같다. 학교에 오래 있어서 그런지 나는 여대생을 그저 애들, 애들이라고 부를 때가 많다. 비칭이 아니라 애칭이다. 물론 강의, 강연, 공식적인 발언 또는 준공식적인 대화에서는 절대 그런 용어를 안 쓴다. 참고로 나는 여남 평등주의자라고 자부하는 편이다. 여자애들은 식사가 다 끝났는데도 일어나지 않는다. 식당이 만원이라 그들 옆에 차례를 기다리는 사람들이 우리 말고도 더 있는데, 애들은 그냥 죽치고 앉아서 화장을 고치거나 휴대폰을 만지작거리면서 시시덕거리고 있다. 옆에서 자리 나기를 기다리는 사람들을 쳐다보면서도 하던 일들(?)을 아무 부담 없이 계속한다. 도무지 일어날 기색이 없다. 다른 테이블 사람들은 식사 중이라 자리가 나려면 한참을 기다려야 할 것 같다.

식당 측에서 애들에게 식사가 끝났으니 일어나 주십사고 하는 것은 애당초 기대난이다. 종업원이 세 명이나 되는데 허둥지둥하며 도무지 정신이 없으니 말이다. 우리 일행 역시 손님으로서 애들에게 식사가 끝났으니 일어나라고 할 수도 없는 일이다. 애들이 스스로

개치네쒜

알아서 일어나면 좋으련만 그렇게 하지 않는다. 아니 그럴 의사가 전혀 없어 보인다. 우리는 자리가 날 때까지 옆에 엉거주춤 서 있을 수밖에 없었다.

속으로 생각해 본다. 이게 우리 문화의 수준인가? 교육을 받은 아이들 같은데 이웃에 대한 배려라고는 조금도 찾아볼 수 없다. 식당은 비좁고 기다리는 사람은 많은데 식사가 끝난 자리에서 시시덕거리며 자리를 차지하는 것이 저들의 권리일까? 기다리는 우리는? 목구멍에서 한마디 나오려는데 겨우 꾹 참는다. 나이 먹은 사람이 주책없다는 말이 듣기 싫은 거다. 어쨌든 대학생 같은 애들이 도무지 기초 예절이 없다. 자기만 생각하지 남에 대한 배려가 전혀 없다. 그것참! 혀를 차지만 도리가 없다. 글이라도 써서 이런 심경을 남겨야 하나.

그런데 누가 그들을 교육했을까 하고 가만히 생각해 보니 할 말이 없다. 그들의 부모와 선생님들이 교육한 것이다. 부모는 제쳐두고 내가 평생을 교수로 지냈다는 데 생각이 미쳤다. 비록 내가 이 아이들을 직접 가르치지는 않았지만, 밑바닥부터 밀려오는 책임감 같은 감정을 피할 수가 없다. 내가 저 아이들의 기초교육이 돼먹지 않았다고 말할 자격이 있을까? 자괴감이 든다. 깊이 생각해 보니 결국 빙 돌아 내 탓인 걸 누구를 탓하랴? 내가 청년들을 잘 교육하지 못한 탓이다. 내 탓이다(*mia culpa est*). 다 내 탓이다.

말 빗대기, 말 줄이기

'라면'이 사람을 가리키는 줄 뒤늦게야 알았다. 라면을 많이 먹어 뚱뚱해진 사람은 죽어도 썩지 않는다고 한다. 몸에 기름이 많아서 그렇단다. 그래서 장의사는 뚱뚱한 사람이 죽으면 시체에 기름을 바르지 않는다고 한다. 우스갯말이지만 뚱뚱하게 살찐 사람을 빗대어 라면이라는 속어가 쓰이는 이유다. 약간 비아냥거리는 투의 부정적인 감각이 이 단어 속에 담겨 있다. 그런데 이 말에는 부정적인 의미만 있는 게 아니다. 뒤집어 보면 긍정적인 의미도 들어 있다. 이 경우 라면은 기름 바를 필요가 없으므로 썩지도 부패하지 않는 사람을 지칭한다. 뇌물도 통하지 않는 사람을 지칭하는 속어다. 이쯤 되면 라면은 좋은 말이다. 그래서 사람을 가리켜 라면이라 해도 아무런 문제가 없다.

개치네쒜

한편 '라떼'라는 말의 경우를 보자. 라떼가 무슨 말인지 혹자는 언뜻 듣고 아마 커피를 연상할 것이다. 그렇다. '카페라떼' 하면 쉽게 말해 우유 탄 커피를 말한다. 카페에서 라떼라고 말하면 카페라떼를 내준다. 그런데 라떼라는 말은 '나때'로도 들린다. 띄어쓰기로 정리하면 '나 때'다. '나 때'는 '내 때'와 같은 말이다. '나'와 '내'는 같은 의미니까. 그래서 '라떼는' '내 때'란 말이 된다. 그 뜻은 '왕년에', '내가 한창 활동할 때'라는 뜻이다. 과거 자기의 기억을 더듬으며 자기 얘기만 신나게 할 때 쓰는 말이다. 그런데 그것도 적당히 해야지 상대방은 아랑곳하지 않고 지나치게 자기 말만 하면 눈총을 받을 수밖에 없다. 요즈음 젊은이들은 '아, 내가 옛날에 어쩌고저쩌고~~' 이렇게 '내 때' 운운하는 사람을 '라떼'라고 한다. 원래는 '꼰대'라는 말을 썼다고 한다.

'꼰대'는 시대가 달라졌음에도 불구하고 기성세대가 자기가 살던 옛 방식만 좋다고 혼자 떠드는 사람을 말한다. 윗사람이랍시고 '이거 해', '저거 해' 하고 지시만 하는 사람, 자기 생각을 강압적으로 강요하는 사람을 지칭한다. 세련과는 거리가 먼 이런 사람은 앞뒤 맥락도 모른 채 주책없이 끼어들 때가 많을 뿐 아니라 한물간 언어를 마치 자기가 금방 만든 것처럼 자랑하며 쓰는 사람이다. 결국, 꼰대는 고리타분한 관습에서 벗어나지 못한 나이 든 남자, 윗사람을 비하해서 쓰는 말이 되었다.

이처럼 꼰대라는 말에는 상대방을 비하하는 의미가 담겨 있다. 윗사람의 일방적인 말을 듣기 싫어하는 젊은이들은 그 면전에서 꼰대라는 말을 쓰기 어려우니까 라떼라는 말을 쓴다. 상대방을 존중하는 관행이 생겼다니 나쁘지 않다. 그러므로 라떼라고하면 앞뒤를 돌아보고 그것이 커피를 의미하는지 꼰대를 의미하는지 문맥을 잘 살펴서 알아 들어야 한다. 그런데 이런 은어가 발전해서 더 우아한 은어가 개발되었다고 한다. TMI다. TMI 하면 무슨 말인지 젊은 사람은

개치네쒜

다 안다. 설명이 많아 장황하다(Too much information)는 뜻이다. 그래서 존경하는 중늙은이들이여! TMI라는 말이 들리거든 언행에 특히 조심하시라.

말 빗대기, 말 줄이기는 오늘날 아주 빠르게 진행되고 있다. 카페에 가 보자. 아이스 아메리카노 커피를 주문할 때 '아아'나 '아커'라고 하면 된다. 아이스 커피라떼도 '아라' 하면 된다. 물론 뜨거운 아메리칸 커피는 '뜨아'다. 어찌 보면 일본사람들이 즐기는 줄임말 같아 보인다. '빌딩'을 '빌'이라고 하듯이 말이다. 이렇게 생활 속에서 긴 단어 앞글자만 잘라 말해도 뜻이 통하니 세상 참 편해졌다. 휴대폰에서는 이런 현상이 더하다. '넘감', '뻬정', 'ㅎㅎㅎ', 'ㅠㅠㅠ', 뭐 이런 것들이다. 요새는 그것도 길다고 느끼는지 이모티콘만 보내도 된단다. 휴대폰의 기여라 할까, 거창하게 시대정신이라 해야 할까. 어느 쪽이든 이래서야 장차 우리말이 살아남을는지 심히 걱정된다. 물론 나보다도 국어학자들이 더 고민하겠지만 말이다.

2 장

나와 가족들 이야기

어린 시절의 추억

어린 시절 한때, 할아버지가 계시는 시골 고향에서 산 적이 있다. 그곳에서 오래 살진 않았으나 그 시절이 내겐 영원한 추억으로 남아있다. 원두막에서 수박 먹고 냇가에서 가재 잡으며 개구리 잡아 구워 먹고 다리에 붙은 거머리를 떼던 때가 지금도 생생하다. 그래서 아름다웠던 어릴 때의 기억과 감정을 되살려 옛날의 나를 회상하는 즐거움을 가끔 맛보곤 한다.

할아버지께서는 집 앞 나지막한 동산에 복숭아 몇십 그루를 기르셨다. 과수원 한복판에 원두막이 있었다. 거기에 오르면 과수원 전체가 다 보였다. 여름이 되면 동생과 나는 원두막에서 복숭아를 먹으면서 지내곤 했다. 잘 익은 복숭아 중에는 저절로 쩍 벌어져 땅에 떨어지는 게 있다. 그런 놈은 항상 우리 차지가 되었는데 참 맛있었다. 지금은 복숭아를 깨끗이 씻어 시장에 내놓으니까 도시인들은 사서 먹기만 하면 되는 줄로 안다. 그러나 아니다. 복숭아는 껍질에 껄끄러운 솜털이 가득 나 있어서 목이나 몸에 닿으면 무척 따갑고 가렵다. 이 때문에 복숭아의 탱탱한 과육이 더 맛있는지도 모른다. 동생과 내가 그 솜털을 몸 여기저기에 서로 묻히며 장난치던 기억이 새롭다.

한편, 복숭아나무 옆에 수박밭이 있었는데 그것이 우리 할아버지께서 키우신 것인지 옆집에서 키운 것인지는 기억나지 않는다. 그저

개치네쒜

필요할 때마다 서리해서 먹던 기억이 날 뿐이다. 원두막에서 수박 먹으면 만사가 다 내 것이나 된 것처럼 그저 행복했다. 실컷 먹고 오줌싸 할머니한테 혼나곤 했다. 원두막에 편안하게 누워 밤에는 별을 세고 낮에는 낮잠 자면 세상 부러울 것이 없었다. 어릴 때 그곳은 세상에서 가장 편안했던 곳이었다.

집 앞으로 난 길을 따라 오른쪽으로 조금 내려가면 서너 평 정도 되는 웅덩이가 있는데 미나리가 자랐다. 그곳에서 미나리를 뽑을 때 종아리 여기저기에 거머리가 달라붙어 그놈들 떼느라 무척 고생했다. 핏줄에 반쯤 들어가 있는 거머리를 떼어내려면 잘 빼어야 하는데 잘못하면 반이 끊기기 때문이다. 그러면 그 반쪽은 이미 내 종아리 핏줄 속에 들어가 있다. 그럴 때는 겁이 난다. 거머리가 핏줄 속에서 자라나 심장까지 갈 것 같기 때문이었다. 손톱으로 거머리가 끊긴 쪽으로 핏줄을 죽~ 밀면 들어가 있던 놈 반쪽이 빠져나온다. 누구도 이런 방법을 가르쳐 주지 않았으나 자연스레 알게 된다. 인간의 지혜가 그렇게 인도한다.

봄에 물 댄 논에는 개구리와 우렁이도 참 많았다. 개골개골하는 개구리 울음소리 속에서 살던 우리는 자주 개구리를 잡곤 했다. 무슨 도구나 망을 사용하는 것이 아니라 뛰어오르는 개구리를 손으로 낚아채는데 그게 묘미다. 개구리를 몇 마리 잡으면 돌을 모아 화덕을 만들고 나뭇가지로 불을 피워 구워 먹곤 했다. 잘 구워진 개구리 껍질을 벗기면 뽀얀 뒷다리가 아주 먹음직스러웠다. 꼭 배고파서 그런 건 아니었지만 자주 그렇게 구워 먹었다. 또 우렁이를 발견하면 누구의 것이 더 큰가 비교하곤 했다. 삶아서 꼬챙이로 빼어내 소금에 찍어 먹었던 쫀득쫀득한 그 식감 역시 잊을 수 없다. 개구리와 우렁이뿐만 아니라 고무줄 새총으로 참새도 사냥해 참새구이로 먹었고, 메뚜기도 많이 잡으면 집에서 볶거나 튀겨서 반찬을 해 먹기도 했다.

집에서 그리 멀지 않은 곳에 나지막한 동산이 있었는데 졸졸 흐르는 작은 시내가 있었다. 우리가 놀기에 딱 좋은 곳이었다. 특히 시냇가 바닥에 깔린 자갈이나 돌을 들춰 찾는 가재 잡기는 정말 재미있었다. 가재를 집어 올리면 그놈은 힘차게 두 팔을 밖으로 벌려 버틴다. 밀치는 힘이 그놈 등치보다 아주 강해서 내 엄지와 검지에 전해지던 묘한 감각은 지금도 잊히질 않는다. 가재 잡는 것은 마치 보물찾기 같아서 그놈을 찾기가 쉽지 않았다. '여기 있겠지' 하고 돌을 들추면 없다. 작은놈이라도 찾아야지 하며 이 돌 저 돌을 계속 들춰도 허탕 칠 때가 많았다. 그러다가 큰 가재라도 찾으면 그야말로 그날은 영웅이 되는 것이다. 친구들이 별별 질문을 다 던지며 부러워했다. 그 맛에 가재를 잡았다.

개치 네쉐

살아있는 가재는 진회색을 띤다. 그런데 불에 구우면 색깔이 빨갛게 바뀐다. 변하는 모습이 볼만하다. 작은놈이라서 한 마리 구워봤자 친구들과 겨우 한 조각씩만 맛볼 뿐이지만 그 맛은 정말 일품이었다. 그래서 요즘도 식당에서 대형 랍스터를 보면 어릴 적에 가재 잡던 생각이 난다. 키 다른 형제처럼 랍스터는 가재와 영락없이 닮았다. 굽거나 쪘을 때 색이 빨갛게 변하는 것도 닮았다. 옛 가재 맛과는 좀 다른 것 같지만 말이다.

그때를 생각하니 다시 그때로 돌아가고 싶어진다. 정말 아름다웠던 어릴 적 추억이다.

나이가 들면서

하루는 손자가 쪼르르 달려와 "할아버지 나 TV 볼래요" 한다. "응, 봐" 하면서 손자를 물끄러미 바라보니 옛날의 내가 생각난다. 나도 저 녀석만 한 때가 있었지…. 팔팔한 소년이었을 때, 청군 백군으로 나뉘어 신나게 뛰었던 초등학교 운동회 기억이 엊그제 같은데 언제 할아버지가 되었나 싶다. 중학생 때 기억도 선하다. 한겨울에 아령 운동을 하고 냉수마찰을 하곤 했다. 살을 파고드는 겨울의 냉기, 그 짜릿함이 좋았다. 무엇과도 바꿀 수 없는 상쾌함이었다. 10대 시절 기온이 영하 10도 이하로 내려가는 혹한의 겨울에도 속옷이란 걸 입어보지 않았다. 어머님이 염려하셨지만, 답답한 내의를 걸치느니 차라리 겨울의 쨍한 냉기를 맨살로 맛보겠다는 오기를 부렸다. 그것은 설익은 치기가 불러온 돌출행위라기보다 세상 무서운 것 없었던 건강한 청소년의 기개였다.

20대를 기억해도 그렇다. 군 복무 때는 전쟁이라도 터져 적군 몇 명과 백병전으로 맞붙는다 해도 다 해치울 것 같았다. 세상에 하지 못할 일이 없을 것 같던 때였다. 젊었으니까. 그래서 20대 초반에 군 복무를 하도록 징집하는 것이리라. 이후 20대 후반은 내가 신앙생활에 온 힘을 쏟던 때로 주로 기도원에서 지냈다. 엄격하고 규칙적인 생활이 계속되었고 나라와 민족을 위해 무릎을 꿇고 금식하면서 기도하곤 했다. 이 점이 아마 남들과 좀 다른 인생행로였을 것이다.

30대 초 미국으로 유학을 떠났다. 학문에만 전념했다. 밤새워 공부하고도 이튿날엔 언제 밤새웠냐는 듯 원기 왕성했다. 이때도 여전히 젊었으니까 그랬다. 한겨울 눈이 펑펑 쏟아지는데도 외국 학생들과 함께 어울려 뉴욕 브로드웨이를 싸돌아다니며 젊음과 이국정서를 마음껏 구가하기도 했다. 30대 중반에 이르면서 학문에만 전념할 수가 없었다. 공부를 계속하면서 목회 활동을 병행했다. 환경은 열악한 편이었지만 그래도 이것저것 가리지 않고 열심히 뛰다 보니 은퇴 목사님으로부터 젊은이가 일 잘한다고 칭찬받기도 했다. 40대 중반에 박사학위를 받고, 귀국해 교수가 되었다. 교수로서 하고 싶은 일, 할 수 있는 건 다 했다. 나이 생각은 아예 하지도 않았다. 그저 마음속으로 스스로 젊은이라고 생각했다. 40대 후반과 50대를 그렇게 보내고 환갑이 되자 한 대학의 총장이 되어있었다. 여전히 젊다고 여기면서 열심히 일했다.

남들은 말한다. 아니 환갑이 다 되어서도 젊다고? 그때마다 나는 강변한다. "나이가 아니라 정신이 젊은 거야"라고. 이애란이 부른 노랫말이 있다. "60세에 저세상에서 날 데리러 오거든, 아직 젊어서 못 간다고 전해라. 70세에 저세상에서 날 데리러 오거든 아직 할 일이 많아 못 간다고 전해라…." 맞는 말이다. 나는 그런 마음으로 살아왔다. 지금은 70대 중반을 훌쩍 넘겼지만, 아직도 스스로 젊다고 느낀다. 그런데도 주변에서는 자꾸 넘어지지 말라느니, 운전 면허증을 반납하라느니 하는 소리를 듣는다. 아직 젊은데 말이다. 사실 학창 시절을 같이했던 동기들과 비교해봐도 나는 아직 젊어 보인다. 얼굴이 쭈그러지지도 않았고 주름도 거의 없다. 비결이 무엇이냐고 물으면, 꾸준히 운동하고 보건체조를 열심히 해서 그렇다고 대답하곤 한다. 믿을 수 없다는 듯 의아한 태도를 보이는 녀석들한테는 "감기드는 것은 정신력이 약해서야"라고 생전에 아버님이 하셨던 말씀을 내 버전으로 말해주곤 한다.

그러나 솔직하게 말하면 이제는 나도 나이 든 현상이 하나둘 나타난다. 빨리 뛰지도 못하고 계단 내려가기가 겁나며 철봉에 매달려봐도 젊을 때 20~30번 하던 턱걸이조차 겨우 한두 번뿐이니 나이든 것이 확실하다. 몸 움직임이 점점 둔해진다. 어딜 가도 노인 칭호가 항상 따라다니며, 나를 할아버지라고 하지 아저씨로 부르지는 않는다. 언제 이렇게 되었지? 품었던 꿈을 아직 이루지도 못했는데 나도 모르는 새 늙었구나, 아하! 허무하고 아쉬운 마음이지만 어쩌하랴. 그것이 인생인데.

그러나 부정적으로만 생각할 일도 아닌 것 같다. 예전의 60세면 이미 뒷방 노인이 되어 손자나 돌보면서 지냈었다. 그러나 요즘에는 건강하게 사는 사람이 많다. 사회 인식도 달라져서 70~80대에 자신의 커리어를 한껏 펼치는 사람도 적지 않다. 이제 70대는 새로운 설렘을 가져도 되는 나이다. 75세가 되어서야 철이 든다는 김형석 교수님의 말대로, 이 나이는 삶을 가동하는 시발점이 될 수 있다. 지난날의 시행착오라는 스승이 방어벽을 쳐주는 든든한 나이니까 말이다. 그래서 사람은 고희古稀(나이 70을 말함)를 넘기면 눈을 부릅뜨고 자신을 진지하게 응시해야 한다. 매사에 해야 할 것과 하지 말 것을 구별해야 한다. 특히 하지 말아야 할 것은 자포자기하는 것이다. 이제는 늙어서 아무것도 할 수 없다고 풀 죽어 지내지 말아야 한다는 말이다.

노인에게는 좋은 점도 많다. 우선 어르신이라고 불러주니 기분이 좋다. 예방주사도 무료로 맞을 수 있다. 지하철을 공짜로 탈 수 있고,

고속철이나 시내버스도 할인 폭이 크다. 자리 양보도 곧잘 받는다. 그런데 뭐 이런 생활 주변의 사소한 것 하나둘 늘어놓는 것보다 기억할 과거가 풍부하다는 것이 더 큰 자산이다. 기억을 더듬으며 예전에 나를 들뜨게 하고 행복하게 했던 아름다운 추억을 회상하는 일은 힘이 솟는 일이요, 즐거움이다. 그래서 사람들은 자서전을 쓰는가 보다. 물론 자서전이 자기 자랑만 한다는 비판도 일부 있다. 그러나 노년에 회상을 통해 즐거워한다면, 그게 어떻다는 말인가?

노인에게는 값진 경험이 축적돼 있지 않은가? 특별한 가이드 없이 지금까지 살아온 감각만으로도 크고 작은 문제를 해결할 수 있

개치네쒜

다. 노년은 인생의 큰길은 물론 작은 골목길과 지름길까지도 알고 있는 나이다. 멀리 보려 하지 않아도 절로 멀리 보고, 깊게 파려 하지 않아도 그 속에 무엇이 있는지 알고 있다. 특히 70대가 그렇다. 참으로 장점 많은 나이다. 그렇다면 이 나이에 무엇을 할 수 있을까? 뒤를 돌아보는 회상만 할까? 그보다는 앞을 바라보고 나가는 것이 좋겠다. 앞으로 남은 노년을 새롭게 설계하는 리스트를 짜자. 비록 그 것이 버킷 리스트가 될지라도 말이다. 새 리스트에 즐거웠던 과거를 하나하나 담으면서 앞날을 새롭게 보는 설계를 하자. 크게 실망할 일도 겁날 일도 없고 들떠 흥분하거나 당황할 일도 없으며, 거리끼는 것도 없는 나이니 새로운 계획을 세운들 무엇이 두려울까? 노인에게 새로운 설계는 하나의 기쁨이요, 즐거움이다.

나이 들면 기억력은 쇠해 가지만 판단력이나 구상력은 더 힘을 얻는다. 그리고 표정이나 이마의 주름 속에 보이지 않게 자리 잡는다. 얼굴에 삶의 지혜가 배어 나타난다. 링컨은 나이 40에 자신의 얼굴에 책임을 져야 한다고 했다. 사람의 수명이 길지 않았을 때 한 말이다. 이제 수명이 길어졌는데 노인의 얼굴이 책임질 수 있는 것은 무엇일까? 노인의 풍모에서 풍기는 인상으로부터 사람들이 무엇인가를 배울 수 있다면 이에 더할 것이 없으리라. 다만 젊은이들이 노인을 슬쩍 보며 자기들끼리 TMI(Too much information)라고 얘기할 때는 정신 차리자. 그들의 소통 언어로 '영양가 없는 잔소리' 또는 '쓸데 없는 지루한 얘기'라는 말이니까. '꼰대'보다는 우아한 말이지만 그래 봤자 거기서 거기다. 사실 이런 건 모르는 게 마음 편하다. 그런데 어 쩌랴, 난 이미 그 말의 뜻을 아는데… 허허허.

개치네쒜

"좋은 나이네, 아직 젊구먼"

생명과학이 눈부시게 발전하면서 사람의 생명이 연장되고 있다. 이제는 인간의 장기가 제 기능을 하지 못하면 아날로그 시대처럼 고치지 않고 디지털 시대답게 아예 떼어내고 새 장기로 바꾼다. 의료기술의 발전으로 심장을 바꾸든 콩팥을 바꾸든 필요할 때 언제나 새것으로 바꿀 수 있다. 이렇게 장기를 하나하나 바꾸어 가면 나이가 들어도 몸은 새로워져 생명도 연장될 것이다. 물론 두뇌를 바꾸면 "누가 나냐?"라는 난처한 자의식 문제와 복잡한 윤리적인 문제가 제기될 것이다. 이런 문제 외에는 다른 장기를 다 바꾸어도 여전히 나는 나다. 장기가 바뀌는 것이지 내가 바뀌는 건 아니니까.

아버님은 장기를 바꾸신 적도 없는데 103세까지 사시고 하늘나라에 가셨다. 그는 젊었을 때부터 몸이 약해 항상 골골하셨다. 키가 작고 힘이 없어 무거운 물건은 들지 못하셨을 뿐 아니라, 체력으로 버티는 일을 전혀 못 하셨다. 게다가 폐도 약해 늘 잔기침을 달고 사셨다. 청소년이었을 때 나는 이런 아버님이 50도 살지 못하고 돌아가실 것 같아 많이 염려했다. 청년 가장이 될지도 모른다는 막연한 걱정을 했던 기억이 지금도 또렷하다. 그런데 아버님은 100세를 훌쩍 넘겨 사셨다. 약체였던 그가 어떻게 건강하게 장수하셨을까? 나만이 아니라 많은 사람이 묻는다. 아버님의 대답은 항상 같았다. "긍정적인 마음을 가져라. 적게 먹고 규칙적인 생활을 해라." 아버님은 당신이 하신 말씀을 그대로 지켜 행하셨다. 가끔 우리가 식사 시간

개치네쒜

을 지키지 못거나, 식사 때 반찬을 3가지 이상 상에 올려놓으면 야단맞곤 했다. 후에 아버님께서 그리스도교 신앙이 깊어졌을 때, 기도하면서 꿈을 가지라는 말씀이 추가되었을 뿐이다.

수명은 하나님께 달린 것이지만 아버님의 장수 요인은 어렵지 않게 짐작할 수 있다. 엄격히 삶을 절제하신 것에서 찾을 수 있다. 늘 편한 마음을 가지려고 노력하셨고, 소식小食을 실천하셨다. 큰 꿈을 이룰 수 있다는 포부를 가지셨으나 그 욕망을 자제하셨다. 그것이 그를 강하게 만들었다. 절제된 삶을 오랫동안 유지하셨다는 것 자체만으로도 존경받으시기에 넉넉한 분이시다. 자신의 삶을 엄격하게 관리하고 절제하는 일은 누구나 할 수 있는 일이 아니기 때문이다. 거기에 신앙심까지 돈독하셔서 큰 꿈을 꾸게 되셨다. 긍정적인 마음을 항상 유지하시면서 내면의 지평이 넓어지셨다.

그래서인지 아버님은 10여 년 연하의 후배보다 항상 더 젊어 보였다. 100세 전후해서 아버님께서는 누구든 노인만 만나면 나이를 묻곤 하셨다. 머리가 하얗게 센 노인이 "저는 80입니다", "90입니다" 하는 대답을 들으면 "좋은 나이네, 아직 젊구먼" 하면서 웃으시곤 하셨다. 그건 당신께서 인생을 소신 있고 자신 있게 사셨다는 의미다. 스스로 마음에 품은 것을 실천하셨으니까 "좋은 나이네, 아직 젊구먼"이라고 말씀하시는 거다. 여러 의미가 함축된 말씀이다. 나는 언제쯤이나 10여 세 이하의 후배들에게 "좋은 나이네, 아직 젊구먼"이라고 말할 수 있을까? 김형석 교수님은 사람이 나이 70이 넘어야 철이 든다고 했다. 그러나 나는 내 꼬락서니를 보고 "아니다, 난 아직 멀었다" 하고 퍼뜩 깨닫는다. 더 익어야 할 늦둥이임을 자각하는 것이다.

개치네쒜

'호'(號)가 생겼다

옛날 우리 선조들은 '호號'가 있어 이름을
직접 부르지 않고 호로 대신했다. 호는 자기가 지어 부르기도 했고
남이 지어주기도 했다. 요즘에는 호를 부르는 경우가 많지 않으나
어른들은 가끔 쓴다. 그런데 뜻밖에도 내게 호가 생겼다. 하루는 국
문과 K 교수가 내 '호'를 지었다고 하면서 다음과 같은 글을 준다. 이
제 나도 어른이 됐나?

총장님의 아호를 지어 올리는 글

총장께서는 학교 경영의 격무 속에서도 사도신경을 주해한 학자로
대학이 학자의 고독을 대가로 학문의 자유를 얻는 곳임을 누구보

다 잘 알고 있다. 총장께서는 근원으로 돌아가는 학문적 태도를 강조하였으며, 길은 만들어 가되 원칙은 어기지 않을 것을 피력하였다. 그리고 이를 샘, 원천, 근원의 상징으로 표현하곤 했다. 이것은 순수한 근본으로 돌아가는 일이다. 아름다운 큰 강도 질박한 샘에서 발원한 것이며, 출렁이는 대해도 순수한 근본이 모여 이루어진 것이다. 샘이 생명이고, 원천이 진리이다.

옛글에 하늘은 진실하고 속임이 없는 그 자체[誠]이며, 진실하고 속임이 없도록 하는 것[誠之]은 사람의 도라고 했다. 하늘은 그의 원칙을 어기지 않는다. 그렇기 때문에 미덥다고 한다. 사람은 하늘의 원칙을 스스로의 삶 속에서 실천하려고 한다. 그렇기 때문에 하늘과 더불어 위대할 수 있는 것이다. 우리는 이미 이러한 품성을 갖고 있건만 날마다 이를 해치며 산다. 이 질박한 순수함은 과거로의 단순한 회기가 아니라 미래를 기획하는 강력한 원천이 되어야 하는 까닭은 여기에 있다.

또한 재[齋]는 몸을 정결히 하고 욕심을 삼간다는 말이다. 이로부터 변하여 학자가 거처하는 곳을 뜻하는 말이 되었다. 학자가 있는 곳은 진실무망하고자 하고 순수한 원시의 형태로 되돌아가고자 하

개치네쒜

는 치열한 내심의 투쟁이 이루어지는 장소이다. 이러한 모습은 이 말의 본뜻에 대단히 가깝다. 그렇기 때문에 중세부터 학자가 거처하는 곳은 齋라 불러왔던 것이다. 이로써 삼가[誠齋]라 아호를 올린다. 이름은 부름이며, 부름은 소명이니 외람되기 짝이 없으나 이 말로써 총장께서 스스로 성찰하고 기획하는 바에 가깝기를 바랄 뿐이다.

호서대학교 교수 K가 여러 위원을 대표하여 그 내력을 적어 올린다.

군더더기 하나 없는 문장이다. 이렇게 해서 나는 참되고 공손하다는 뜻의 '성재誠齋'라는 호가 생겼다. 성재라는 의미가 맘에 쏙 든다. 진짜 어른이 된 기분이다. 다만 이 호를 쓰고는 싶은데 요즘에는 별로 사용할 곳이 없는 게 좀 유감이다. 안 써본 호라 쓰기가 좀 어색하지만, 써먹을 데를 억지로라도 찾아봐야, 아니 만들어 봐야겠다. 나를 생각해서 지어 준 아호니 그래야 하지 않겠는가?

파란 눈 사위 하곱

　　　내가 옛날 사람인 탓인지 이국 사위 맞기가 쉽지 않았다. 곱디곱게 키운 딸을 말과 습관이 다른 외국 녀석에게 시집보낸다는 게 도무지 내키지 않았다. 딸을 유학 보내놓고 걱정으로 한시도 마음 놓은 적 없지만 그래도 반듯한 한국 청년 만나길 바랐다.

　언젠가 딸이 교제하는 남자 친구를 소개했다. 이름을 하곱이라 하는데 키 큰 코커서스계 캐나다인이었다. 처음엔 친구로 교제하는 것 정도야 어뗘랴 싶어 그러려니 했다. 그런데 얼마 후 그 녀석과 결혼하겠단다. 딸자식의 자유로움과 상관없이 나는 천생 한국 아비다. 여전히 인종, 국적, 관습에서 자유롭지가 않다. 더구나 가족 윗대의 동의를 받기도 쉽지 않다. 정말 그랬다. 그래도 딸의 의지는 강했다.

세월이 약이라 했던가 어느 정도 시간이 흐르자 분위기가 바뀌었다. 그동안 나는 아비 된 죄로 윗대의 가족과 딸 사이에서 샌드위치 신세가 되어 얼마나 고생했는지 모른다. 그러나 결국 승낙했다. 자식 이기는 부모 없다고 한 말의 뜻을 이제야 알겠다.

그런데 코커서스계 백인인 예비 사위 하곱을 가만히 보니 생각이 반듯한 녀석이다. 종교에 대한 신념도 두텁고 부모를 어려워하는 것도 맘에 든다. 게다가 말도 별로 없으면서 아이비리그 대학에서 철학박사 학위를 받은 영재다. 내가 뭘 더 바라겠는가? 다만 녀석과 바둑이라도 두며 장인-사위 간 돈독함을 쌓아가는 소소한 즐거움을 누리고 싶은데 가능성이 별로 없어 그게 유감일 뿐이다. 언어 탓에 사위와 속 깊은 대화를 나누기도 쉽지 않고, 사돈어른과 속 터놓고 얘기하기도 요원하지만, 그런 건 뭐 괜찮다. 저희만 행복하다면야 나는 그것으로 만족한다.

그래도 결혼식 전에 이 녀석에게 다짐을 받았다. 내 딸을 지금처럼 영원히 사랑하겠냐고 말이다. 다짐이 끝나고 나니 내 할 일은 다 했다. 내가 원래 바라던 바는 아니었으나, 이것도 하나의 인생이려니 생각하련다. 사돈분도 그렇게 생각할 것 같다. 인종과 국경을 넘어 부모가 자식에게 바라는 것은 그들의 행복뿐이다. 너희들 행복하게 잘 살아라.

뛰어다니는 어린 손자와
야밤을 함께

　　　　　우선 나는 가부장적인 사람이 아님을 먼저 밝혀둔다. 딸은 이미 잠들었다. 그런데 외손자인 두 살 반짜리 꼬마가 안 잔다. 자지 않는 것은 고사하고 이리저리 쏜살같이 뛰어다니는 판에 혹시라도 넘어져 다치랴 싶어 TV조차 제대로 볼 수 없다. 한밤중에 혼자 뛰어다니는 이놈 이름은 '마누'다. 이제 겨우 기저귀를 뗐으며 자기 소신대로 떠들어도 어쨌든 최소한의 의사소통은 된다. 뉴욕에 살고 있는데 할아버지, 할머니 보러 달포 정도 와 있다. 막내 손자라 귀엽긴 한데 이 녀석이 낮잠을 실컷 자더니 자정이 다 되었는데도 신이 나서 이리 뛰고 저리 뛴다.

　　이 녀석을 재우려고 같이 누웠던 엄마가 오히려 지쳐 잠에 곯아떨어졌다. 꼬마가 내게 와서 친절하게도 엄마를 재웠다(?)고 보고까지

한다. 우리 할멈 역시 일찌감치 꿈나라 행이다. 자지 않고 있는 건 할 아버지인 나와 꼬마뿐이다. 내가 가부장적인 사람이라면 꼬마 엄마나 할머니를 깨웠을 것이다. 하지만, 그렇게 하지 않고 어떻게든 손자 녀석을 재우려고 최선을 다했다. 이 말 저 말로 온갖 아양을 다 떨면서 말이다.

"마누 good boy(착한 아이)지? 엄마한테 가서 코~자, 응?"

"No!"(싫어)

"그럼 할머니한테 가서 코~자자."

"No, I… I… I'll sleep here"(싫어, 나, 나는 여기서 잘 거야).

이러면서 내 의자 옆의 안락의자에 기어 올라가 비스듬하게 눕는다.

"할아버지도 코~자고 싶어. 마누가 코~자야 할아버지도 코~자지."

"You sleep"(할아버지나 자).

그래서 나도 영어로 한마디 했다.

"How about you?"(너는?) 그랬더니,

"I'll sleep in the rocking chair"(나는 이 의자에서 잘 거야).

라고 하면서 나보고는 먼저 자란다. 이게 70대 할아버지와 두 살짜리 손자가 심야에 나누는 대화다. 내용은 없다. 그냥 대화일 뿐이다. 이놈 금방 또 일어나 뛰어다닌다. 아무리 꼬셔도 no! no!(싫어 싫어) 하면서 도무지 자려 하지 않고, 거실에 장난감을 어질러 놓으면서 이리저리 뛰어다닌다. 내게 와서 안기기도 하고 말이다. 나도 이제 졸린다. 이 녀석을 재워야 하는데 어쩌지! 참 난감하다. 아빠는 다른 지역에 가 있고, 엄마와 할머니는 다 잠들었다. 거실에서 TV 보는 할아버지 주변을 뛰어다니며 한창 신이 난 녀석의 눈망울이 초롱초

개치네쒜

롱하다. 도무지 자려 하지 않는 저 녀석을 야밤에 나 홀로 돌봐야 한다니… 내 참! 그래도 행복한 순간이다. 이 귀여운 손자와 함께 대화하고 놀 수 있으니 말이다.

　자식 기를 땐 몰랐으나 손주를 보니 그렇게 귀여울 수가 없다. 손주 자랑하려면 한턱내야 한다는데 그래도 마다하지 않겠다. 어쨌든 손주가 너무도 귀여우니까. 그 쪼그만 놈을 그냥 안아주고 싶을 뿐이다. 이렇게 귀엽고 할아버지 할머니를 기쁘게 하는 손주를 주신 하나님께 감사드릴 뿐이다. 한 달 전 우리 집에 왔을 때 이 녀석 몸무게가 10kg이었는데 오늘 달아보니 11kg을 넘었다. 한 달밖에 안 되었는데 잘 먹으니 살찐 것이다. 백종원 씨가 먹방 프로그램에 나와 탐스럽게 먹는 것처럼, 이 녀석도 먹을 때 보면 게걸스럽게 먹는다. 한입 가득 넣고 또 넣는다. 두 볼이 빵빵하다. 천하 세상이 다 자기 것인 것처럼 행복한 얼굴이다. 까탈스러움 없이 음식은 주는 대로 다 받아먹으니 할아버지 할머니에겐 더없이 귀여울 수밖에. 손주 자랑은 끝이 없다더니, 맞다. 인정한다. 내 귀여운 손주여, 건강하게 무럭무럭 자라거라!

손주들에게 좋은 할아버지 되기

나는 나를 할아버지라 불러주는 손주들과 이웃에 사는 것이 행복하다. 내겐 6학년 12살짜리 손자와 4학년 10살짜리 손녀가 있다. 그저 요놈들이 건강하게 자라는 것을 보는 것만으로도 뿌듯하다. 얼음과자나 눈깔사탕 사주며 데리고 다니던 나이가 지났어도 나를 잘 따르는 손주들이 더없이 귀엽고 예쁘다. 그런데 이런, 그 좋은 시절이 다 지났다. 손자 녀석이 고분고분 말 잘 듣고 따르는 것이 초등학교 4학년 1학기까지였다. 딱 거기까지다.

4학년 2학기가 되었다. 어린이다운 나긋한 맛이 점점 사라지더니 부쩍 딴전 부리는 횟수가 늘었다. 할아버지 할머니 말을 귓등으로 듣는가 하면 함께하는 시간도 줄었다. 이 녀석은 할아버지 손이 이제 필요 없다고 생각하는 것 같다. 아이들은 금방 큰다. 녀석의 키는 훌쩍 커서 할머니보다 크다. 그리고 신발은 어느새 나와 같은 사이즈를 신는다. 커가는 징조지만, 정작 문제는 이 녀석이 친구들과 어울려 쏘다니느라 할아버지 할머니와 함께하거나 어디 가는 것을 즐거워하는 기색이 없다는 점이다. 이런 모습을 보면서 '예전엔 안 그랬는데' 하는 넋두리가 술술 나온다. 이제 녀석에겐 친구가 첫째다. 우리 노친네들은 순위가 뒤로 밀렸다. 그래서 솔직히 좀 서운하다. 아니, 우리의 역할이 끝난 것 같아 허전하다. 두 살 터울 손녀 역시 손자 녀석과 비슷하다. 그렇지만 어쩌랴? 그러면서 아이들이 크는 건데.

속맘을 얘기하자면 손주들과 단란하게 앉아 오목이라도 두면서 못다 한 정을 더 나누고 싶은데 낮에는 학교, 저녁엔 학원과 과외로 일과가 짜여 있으니 녀석들을 볼 틈이 없다. 손주들도 사실은 고단

할 거다. 저녁마다 채 바퀴 돌 듯 뺑뺑이니 거기에 무슨 낭만이 있고, 여유가 있을까? 아무리 봐도 누구 말마따나 '저녁이 있는 삶'은 아니다. 그런데 그렇게 해야만 한다니, 부모의 마음은 할아버지, 할머니의 마음과는 다른가 보다. 주말도 별반 다르지 않다. 이것이 과연 아이들에게 유익할까? 글쎄다.

이 녀석이 변해가는 이유를 이리저리 생각해 본다. 단순히 커가기 때문만은 아닌 것 같다. 4학년 그 여름에 분명히 무슨 일이 있었다. 아, 하나 감이 잡히는 게 있다. 애들 애비가 사준 휴대폰이란 게 있었다. 신종 장난감을 손에 잡은 녀석이 잠시도 그것을 떼놓지 않는다. 그렇게도 좋을까? 내 어린 시절엔 이런 것 없이도 잘 지내서 그 기분을 모르겠다.

손녀가 어렸을 때 던진 질문이 생각난다. "왜 어른들은 나쁜 사람이 많아요?" 금방 대답하기가 궁해 "어른들이 다 나쁜 건 아니야. 어른이 되기 전에 제대로 공부하지 않고 딴짓해서 그래. 그러면 어른이 돼서 나쁜 사람이 되기 쉬워"라고 했다. 말은 이렇게 했지만, 공부라는 말이 정곡을 찌른 것 같지 않아 찜찜하다. 손녀가 알아들은 것 같지도 않다. 그래서 나는 손주들이 좀 더 크면 지혜를 터득하는 길을 스스로 배우도록 유도하려다. 손주들이 지혜롭게 사는 길을 스스로 찾도록 돕는 것이 지금 내가 손주들에게 할 일인 것 같아서다. 넓은 의미의 공부가 그런 것이리라. 그래서 손주들이 장차 지혜를 터득하는 길을 내 나름으로 4가지로 요약해 보았다.

첫째, 무엇이 예의 바르고 무엇이 예의 바르지 못한지를 가르쳐 인간의 본분을 지키도록 해야겠다. 둘째, 훌륭한 사람은 저절로 되는 것이 아니니 노력하고 준비해야 한다는 것을 가르치련다. 셋째, 삶의 목적이나 신념, 비전이 뚜렷해야 한다고 가르치겠다. 넷째, 늘 겸손하고 남을 잘 배려하는 습관을 몸에 지니도록 가르쳐야겠다. 이쯤 가르치면 나머지는 자기들이 알아서 잘할 것이다. 내게 손주는 언제나 사랑스러우며 대견한 존재다. 이 녀석들을 제대로 가르쳐 지혜로운 사람으로 성장하게 하면 좋겠다. 아직 손주들이 어릴 때, 할아버님으로 불리기 전에, 할아버지로 불릴 때 좋은 할아버지가 되어 가르쳐야겠다.

할아버지, 나 알바할래요

　　얼마 전에 아들 부부와 손자 손녀가 우리 집에 왔다. 엄마 아빠가 할머니와 재정 문제를 논의하면서 정리하는 중이었다. 손주들은 휴대폰을 만지작거리면서 안팎으로 들락거렸다. 며칠이 지났다. 손녀가 할머니로부터 영어를 배우는 날이었다. 손녀가 쪼르르 달려오더니 "할아버지 나 알바해도 돼요?"라고 한다. "무슨 알바?" "할아버지가 정해 주세요. 한 번에 1,000원 주세요." 당돌하게 묻는데 싫진 않다. "그래. 할만한 게 뭐가 있나 찾아보자" 하고 여기저기 기웃거렸다. "아 그래, 좋은 게 있어." 손녀가 눈을 동그랗게 뜨고 나를 쳐다본다. "이 방을 물걸레로 닦는 일이야." 그리곤 막대물걸레를 걸어둔 곳에 가서 "이 걸레를 막대에 이렇게 붙이고 물로 빨 때는 이렇게 하고, 물을 꼭 짜서 방 이쪽 구석부터 닦으면

돼"하고 하나하나 가르쳐 주었다. 시범으로 하는 걸 보니 엉성하지만 그래도 안 하는 것보다는 방이 더 깨끗해졌다. 참고로 손녀는 초등학교 4학년이다.

비록 첫날이고 할아버지랑 함께 바닥을 닦았지만 수고했다고 1,000원을 주었다. 이 녀석 신이 났다. 콧노래 부른다. 그리곤 옷을 아무렇게나 방바닥에 팽개쳐놓은 끝 방에 있는 책상 위에 1,000원을 가져다 놓는다. 책상 위에 지폐 한 장만 횅하니 놓여 있다. 할머니와 식탁에 앉아 열심히 공부도 하고 노래도 부르다가 자기 집으로 돌아갔다. 끝 방에 가 보니 1,000원짜리 지폐가 그대로 있다. 깜박 잊고 안 가져간 것이다. 애들이란 참.

손녀가 놓고 간 1,000원짜리 지폐를 보면서 이런 생각이 스친다. '왜 알바할 생각을 했을까? 주전부리하려고? 돈이 필요해서?' 아니다. 별로 뭘 사 먹지도 않는 아이여서 얘가 돈이 필요할 까닭이 없다. 아마도 다른 이유가 있을 것이다. 물어보진 않았지만 대충 그 이유가 짐작이 간다. 그런 것엔 할아버지가 능구렁이니까.

내 추측은 이렇다. 아빠랑 엄마랑 할아버지 집에 왔을 때 어른들이 재정이 어떻고, 빌린 돈은 어떻고, 갚은 것은 얼마며, 가진 돈이 어떻고 하는 등등 대화를 했는데, 손녀가 오다가다 어른들의 대화를 들었을 것이다. 순진한 생각에 자기네가 돈이 부족해 엄마 아빠가 걱정하는 것으로 알았으리라. 그래서 제 딴에는 '내가 돈을 벌어야겠다. 알바해서 돈 없는 엄마 아빠를 도와야지' 한 게 아닐까? 그래서 용돈이라도 벌어야겠다는 마음으로 할아버지에게 알바하겠다고 한 것 같다. 손녀의 이런 순진한 생각이 얼마나 갸륵하고 기특한가.

내 마음이 흐뭇한 것은 부모를 걱정하는 손녀의 마음 때문이다. 아이가 재정을 뭘 알겠느냐마는 지나가는 말로 들었을지라도 부모 걱정을 덜기 위해 알바라도 해서 돈을 벌어야겠다는 생각, 엄마 아빠를 돕겠다는 마음, 그런 엉뚱한 생각이 기특한 것이다. 이런 손녀를 내 어찌 사랑하지 않을 수 있겠는가? 그래서 물걸레질을 꼭 해야 하는 건 아니지만 흔쾌히 허락한 것이다. 그런데 아직 어린 녀석이라 알바비는 받았으나 그만 깜박 잊고 돌아갔다. 그 지폐를 손에 들고 이런저런 상념을 해본다. 이자를 붙여 줄까? 알바비를 좀 올려줄까? 아니 볼에다 뽀뽀나 한번 해줘야지. 어쨌든 우리 손녀 만세다.

개치네쒜

3 장

신학하기와 목회하기

주의 화원(花園)을 바라며

50여 년 전, 그러니까 1969년 초여름의 한 청명했던 날 밤을 잊을 수 없다. 하나님의 부름을 받은 외할아버지께서는 우리와 작별하실 때 기력이 쇠하셨으나 손가락으로 내 손에 꽃 화花 자를 똑똑히 써주셨다. 꽃으로 뒤덮인 아름다운 천국 화원花園을 보셨나 보다. 항상 맑고 환한 웃음을 우리의 기억에 남기신 분, 죽음이 삶만큼이나 아름다웠던 분 그래서 곁을 지키던 나에게도 죽음은 결코 두려움이 아니라 천국의 평안임을 보여주신 분, 바로 나의 외할아버지시다.

그분의 모습이 아직도 기억에 생생하

다. 큰 키에 백발이 성성하고 수염이 무척이나 길어 거의 배에 닿아 동네에서는 미염공美髥公이라 불리셨다. 항상 엷으신 미소에 나직한 음성으로 말씀하시는 분이셨다. 말씀과 삶이 늘 같으신 분이셨다. 외할아버지께서 써주신 글이 지금은 내 손에 남아있지는 않지만, 그의 수려한 외모만큼이나 아름답던 필체를 기억한다. 생업으로 대서소에서 일하시게 된 것도 아마 그 때문이 아닌가 한다. 어른들 말씀에 의하면 그분은 젊어서부터 이웃을 돌보는 선한 인품을 가지셨다고 한다. 본인은 청빈하게 살면서 가진 것으로 이웃을 도와주고 주님을 잘 섬겼던 분이다.

어릴 때부터 내 기억 속에 남아있는 외할아버지의 모습은 항상 두 손을 모으고 하늘을 우러러 기도하시는 모습이었다. 새벽마다 어김없이 일어나 동東으로 난 창을 향하여 여명이 밝는 순간까지 무릎을 꿇고 기도하시던 모습이 아직도 눈에 선하다. 가만히 옆에 가서 들어보면 가족들 이름을 하나하나 거명하면서 기도하시고, 교회 그리고 나라와 민족을 위해 기도하셨다. 그 모습은 마치 성화에 나오는 기도하는 소녀의 모습을 연상케 한다. 외할아버지는 교회의 장로로서 궂은일을 도맡아 하셨으며 여러 교회를 개척하는 일에도 열심이셨다. 주님을 섬기면서 목사님의 뜻을 꺾으신 적 없이 순종하셨던 분이시다.

나는 그의 이런 살아있는 성자 같은 모습을 보고 신앙을 동경하게 된 것 이다. 이처럼 신앙심이 돈독하셨던 외할아버지를 기억할 때마다 내가 너무 초라해 보이고 부끄럽다. 사실 나는 어머니의 영향으로 초등학교 때는 교회학교에 잘 다녔다. 그런데 언젠가부터 기대했던 상을 받지 못하자 실망하고 예배에 나가지 않게 되었다. 이후 불순종의 삶은 중학교, 고등학교를 거쳐 대학 생활까지 이어졌다. 어머니는 늘 걱정하셨다. 이렇게 불신자로 살기를 십여 년. 다시 교회

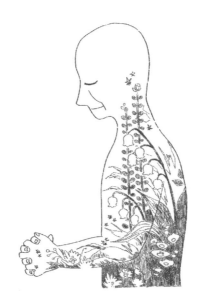

주의 화원(花園)을 바라며

로 돌아오라는 권유를 끊임없이 받았으나 젊은 객기 때문이었는지 들은 척도 안 했다. 그러나 마음속으로는 언젠가 때가 이르면 신앙심을 갖게 되리라 생각하곤 했다.

내가 마음을 바꾼 것은 24살 때였다. 외할아버지께서 내 손에 꽃 화(花) 자를 쓰셨던 50년 전 바로 그해 여름이었다. 사실 화원(花園)의 꿈을 새긴 곳은 내 손이 아니라 마음이었다. 외할아버지의 인품과 아름다운 삶을 보고, 이렇게 믿는 것이 진짜 믿음이라는 생각을 깊이 담아 두었다. 신앙이 외할아버지를 이끌어 삶과 말이 다르지 않은 분으로 만드셨고, 앎과 행함이 조화로운 분으로 이끄셨다. 이분이 바로 우리 외할아버지셨다. 신앙인의 향(香)이 이리도 진하니 그 누가 신앙의 생명력을 거부하겠는가?

외할아버지와의 작별 후 내게 변화가 찾아왔다. 언젠가는 신앙에 귀의하겠다고 하던 다짐이 성큼 현실로 다가왔다. 하나님께서 내 마음속에 품고 있었던 것을 꺼내셨다. 그때 나는 예수님을 다시 영접하였다. 성경을 열심히 통독하고 기도하면서 마음을 다독였다. 금식과 회개로 영성이 밝아지자 모든 만물이 새롭게 보였다. 구원의 확신이 들었고 할 일이 생겼다. 나가서 전도하고 어린이들을 모아 가르쳤다. 열심히 하자 교회학교가 부흥했다. 이후 나는 대학을 졸업하고 하나님의 부름에 따라 신학교에 진학하였다. 목사안수를 받고

개치네쉐

목회도 하였으며, 전문신학자로서 학위 취득 후 대학에서 학생들을
가르쳤다.

이제 70 중반에 이르러 내 인생을 되돌아보니 모든 것이 하나님
의 크신 은혜였다. 하나님의 오묘하신 섭리였음을 다시 고백한다.
외할아버지를 통해 화원의 꿈을 내 마음에 심어주신 것도 하나님의
은혜요, 나의 나 됨도 모두 하나님의 은혜다. 유언처럼 남기신 외할
아버지의 마지막 말씀은 내 인생의 등불이 되었다. "범사에 그를 인
정하라. 그리하면 네 길을 지도하시리라"(잠언 3:6). 한 의인의 삶과 죽
음이 내게 미친 영향이 이처럼 크리라고는 짐작조차 못 했다. 이제
는 나도 외할아버지처럼 깊은 믿음의 삶, 화원을 그리워하는 삶을
살고자 한다. 외할아버지께서 사셨던 것처럼 그윽한 향 내음 풍기는
삶을 살고 싶다.

신학을 하게 된 계기

내가 신학을 하게 된 동기는 '소명^{召命:} Calling' 때문이다. 소명은 '하나님의 부름'을 말한다. 가슴 깊숙한 곳에서 들려오는 거역할 수 없는 내적 울림 말이다. 그 소명 때문에 목회자의 길을 가려고 신학을 공부하게 되었다. 물론 주위에서 나를 위해 기도하는 분의 권고도 있었다. 그리고 성경을 통독한 것도 영향을 미쳤다.

일류고등학교 출신이라는 자부심이 대단했던 내가 전기 대입에 실패하고 재수까지 해서 후기 대학에 들어갔다. 그러니 공부할 마음이 내키지 않았고 자주 결석하곤 했다. 가까이 지낼 만한 친구도 사귀지 못했다. 운동이나 연애를 하는 것도 아니었고 다른 어떤 일에 몰두한 것도 아니었다. 절실함이나 무엇을 이루고자 하는 야망이 전

개치 네쉐

혀 없는 그야말로 무미건조한 대학 생활이었다. 가끔 내가 누구인가, 무엇을 하고 있는가 하는 생각도 했다. 학교생활이 재미없으니 군대나 가야겠다 하고 2학년 1학기 중간에 학기도 마치지 않고 육군에 입대했다. 그리고 30개월의 복무기간을 마치고 다시 학교로 복귀했다.

제대 후 군 복무 전과는 비할 수 없을 정도로 달라졌다. 열심히 공부했다. 역시 젊은이에게는 군 생활이 보약인가보다. 그런데 3학년 때 내가 좋아하고 존경하던 외할아버지께서 하나님의 부름을 받았다. 당시 외할아버지는 기도원에서 기도 생활을 하셨는데, 돌아가실 무렵 자녀들을 나이 순서대로 앉게 하시고 그 뒤에 손자녀들도 다 앉게 하셨다. 모두에게 한 사람 한 사람씩 축복기도를 하시고 각자에게 필요한 성경 구절을 주셨다. 내게는 잠언 3:6의 말씀을 주셨다. "범사에 그를 인정하라. 그리하면 네 길을 지도하시리라"라는 말씀이었다. 그리고 환하게 웃는 모습으로 운명하셨다. 정말 아름다운 한 인간의 마지막 모습이었다. 그래서 기억에 오래 남는다.

이후 기도하시는 분의 인도로 교회에 가서 성경을 통독했다. 성경 전체를 통독하는 데 꼬박 일주일이 걸렸다. 성경통독을 시작한 지 나흘 뒤 성경을 읽던 나는 눈물범벅이 되었다. 왜 그랬는지는 모르겠다. 말씀을 통한 영적 힘이 나를 회개하도록 인도했음을 짐작할 뿐이다. 이후 주일학교 교사가 되어 6학년 반을 담임했다. 주일학교 경험도 없고 교회에 대해 잘 알지도 못하는데 교회 학생을 가르쳐야 한다니 막막하기만 했다. 물론 어렸을 때 어머니 따라 교회에 다녔던 기억은 나지만 그조차도 희미할 뿐이었다.

매 주일 갈현동 연신내에서 새벽 4시 반 첫 버스를 타고 한남동까지 가서 한강 변으로 내려갔다. 그때는 지금의 한남대교가 없었을 때여서 소리쳐 건너편의 뱃사공을 불러 한강을 건넜다. 강남에 있는 교회에는 6시쯤 도착하곤 했다. 그리고 한 시간쯤 기도하고 전도하러 나갔다. 당시 강남은 개발되기 전이라 집도 별로 없었다. 그래도 여기저기 있는 집을 돌아다니면서 열심히 전도했다. 처음엔 6학년 반이 1명이었는데 일 년이 지나자 10명이 넘어 분반해야 했다. 정말 열심히 했다. 얼마 후부터 나는 아예 갈현동 집을 떠나서 교회에서 먹고 자고 학교도 다니게 되었다. 그때 학교 공부보다 성경 읽고 금식하며 기도하는 일로 더 많은 시간을 보냈다. 은혜를 사모하면서 예배 전 찬송을 인도하고 금식과 기도 그리고 성경 읽는 일에 전념했었다.

나를 위해 기도해 주시는 분으로부터 신학교에 가는 것이 좋겠다는 얘기를 들었다. 나는 신학교에 가고 싶지 않았다. 그러나 그분은 내가 성직자의 길을 택하는 것이 하나님의 뜻 같다고 강력하게 말씀

개치네쒜

하셨다. 나는 내색하지 않았으나 속으로 진지하게 고민하면서 기도하고 또 기도했다. 이 길을 가지 않게 해 달라고 말이다. 최고의 엔지니어가 되고 싶었지 목사가 되고 싶지는 않았기 때문이다. 목사가 되는 것은 내 꿈이 아니었다. 마침 대학 졸업반이었던 나는 새로 생긴 전자회사에 취업했다. 취업을 핑계로 신학교에 가지 않으려는 생각이었다. 그러나 그날부터 잠을 이룰 수가 없었다. 이 길이 내가 가야 하는 길인가? 신학교에 가서 하나님의 일을 해야 하는가? 내적인 고민이 이어졌다. 고민과 갈등 끝에 결국 하나님의 소명에 따를 수

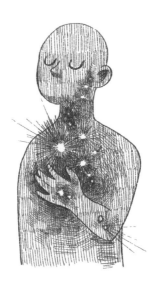

밖에 없음을 깨달았다.

　이 소명은 내가 어찌할 수 없는 것이었다. 내가 가야 할 길이 이 길이라고 분명히 느낀 것이다. 논리로 설명할 수 없는 강력한 부르심이었다. 그래서 전자회사 출근 며칠 후 회장님께 내가 받은 소명 때문에 회사에 다닐 수 없다고 말씀드렸다. 그리스도인이 아니었던 회장님은 의아한 눈으로 나를 응시하면서 어렵게 인재를 뽑았는데 섭섭하다고 하셨다. 죄송하다고 말씀드리고 친했던 친구를 대신 추천해 드렸다. 그리고 아현동 언덕에 있던 서울신학대학교 M.Div. 과정에 입학해 신학 공부를 시작했다. 그때까지만 해도 서울신학대학이 어느 교파인지도 몰랐다. 그런 것엔 관심도 없었으니까.

　내 고민의 핵심은 마음속 깊은 곳에서 들려오는 소리였다. 그것은 하나님께서 나를 부르시는 세미한 음성이었다. 내게는 내 생각과 계획이 있었다. 그러나 마음 깊은 곳에서부터 내 생각과 계획을 압도하시는 그분의 음성이 나를 지배했고, 이끄셨다. 부름에 이끌린 삶 그것이 내 삶이 되었다. 그렇다. 하나님의 부르심에 따라 오늘의 내가 있게 되었다.

나의 자랑스러운 스승

1971년 1월 그러니까 내 나이 스물일 곱 되던 어느 날, 강남 신사동의 어느 기도처를 뒤로하고 길을 떠났다. 충정로에 있던 신학교(부천의 서울신학대학교 전 캠퍼스)에서 입학 면접을 보기 위해서였다. 추운 겨울이었지만 날씨는 화창했다. 마음도

평안했다. 하루는 평생의 무엇일까. 오늘은 내 인생 전체에 어떤 중요한 의미로 남을까. 경험이 일천 하고 연륜이 길지 아니한 젊은이는 다만 그날의 주어진 일을 할 뿐이었다. 신사동에서 충정로로 향하는 그 길이 이후 내 인생 모든 여정의 첫걸음이었음을 난 알지 못했다.

면접장에 들어섰다. 난로의 온기가 마음을 녹였다. 면접은 두 단계로 이어졌다. 처음엔 세 분 앞에 섰다. 그중 한복을 입은 한 분이 단연 눈에 들어왔다. 그분이 바로 조종남 박사님이셨다. 나이 40이나 되었을까(나중에 안 사실이지만 그땐 사십 대 중반이셨다), 가장 젊은 분이 한복 두루마기를 입고 면접을 진행하셨다.

간단한 일차 면접 후, 두 번째 단계는 단독 면접이었다. 난 충정로 캠퍼스 2층에 마련된 소박한 방으로 안내를 받았다. 학장실이었다. 그리고 그분이 앉아서 나를 맞이하셨다. 이분이 바로 학장님이시란 말인가. 마른 체구에 안경을 쓰신 분, 미국 유학을 마치고 갓 들어오신 분, 말수는 적지만 오랜 해외 생활에 발음이 독특하신 분, 서구적 세련미가 물씬 풍기는 젠틀맨, 그럼에도 한복 두루마기가 잘 어울리시는 분… 한 마디로 그분은 멋쟁이셨다. 신학을 탐구하면 이리되는 것일까. 그분과의 만남은 이렇게 시작되었다. 잔잔한 미소에 친절함을 곁들인 한 마디 물음이 '만남'에 불을 댕겼다. "왜 신학을 하려 합니까? 지금 어찌하여 여기 있습니까?"

나는 군 복무를 마친 후, 강남 신사동의 기도원을 찾아 삼 년 동안 기도에 힘쓰며 은혜를 구했다. 대학을 졸업했다. 하나님께선 내게 좋은 회사를 직장으로 주셨으나 마음 한구석엔 일말의 공허함이 있었다. 기도에 힘쓰면 기도의 응답은 분명하다. 하지만 손에 잡힐 듯 그러나 닿지 않는 그 무언가가 남아있었다. 그 무언가는 나를 큰 공허 속으로 몰아넣었다. '아, 무얼까. 그 무엇이 나를 이토록 잠 못 이루게 하는 것일까.' 그렇게 삼일 밤을 지새웠다. 그리고는 나이 지긋하신 회사 회장님을 찾아뵈었다. 미숙한 젊은이를 염려하시는 그분께 좋은 사람을 소개하고 회사를 그만두었다. 다시 신사동의 그 기도원! 기도원의 원장님은 내게 충정로의 이 신학교를 권하셨다. 신학의 길을 제시한 것이다. 그래서 지금 이 순간, 난 이 자리에 있고 면접을 위해 그분 앞에 선 것이다.

신학교에 입학했다. 인생의 새로운 길을 걷는 것은 두렵지만 적잖이 흥분되는 일이다. 얼마 되지 않아 충정로 학교 강당에서 영성 수련회가 열렸다. 모든 재학생과 교수진이 참여하는 일종의 사경회였다. 주제는 '의인과 성결'이었고 강사는 정진경 교수님과 조종남 교수님이셨다. 정진경 교수님은 의인론을 주제로, 조종남 교수님은 성결론을 펼치며 말씀을 전하셨다. 두 분의 말씀이 끝날 무렵, 내면으로부터 성령의 충만함을 느꼈다. 나는 회개하는 맘으로 눈물을 흘리며 단 앞으로 나아갔다. 몇몇 사람도 그리하였다.

이런 느낌과 경험이 물론 처음은 아니었다. 하지만, 그날의 느낌과 체험은 달랐다. 난 그때까지만 해도 회개를 촉구하고 은혜받게 하는 것은 쉰 목소리의 부흥회 목사님들이나 하는 것인 줄 알았다. 그런데, 젊고 세련된 서구 스타일로 그것도 조용조용 신학적인 주제를 말하는데도 마음은 뜨거워졌다. 은혜와 체험의 전혀 다른 궤적이라 할까. 은혜와 체험 위에 학문의 틀이 들어서고 있었다. 이후에 깨달았다. 마틴 루터의 로마서 주석 서문을 누군가 읽어주었을 때 웨슬리의 마음이 속에서부터 뜨거워진 그 '올더스게잇 체험'이 바로 그분을 통해 내게도 임했음을.

조종남 박사님은 뜨거운 은혜의 체험과 정치(精緻)한 학문으로써 내게 스승이 되셨다. 스승은 웨슬리를 열정을 다해 학문적으로 가르쳤지만, 성결교회의 뜨거운 신앙을 소홀히 하지는 않으셨다. 오히려 웨슬리와 성결교회의 전통을 융합하여 복음적 신앙의 길을 분명히 제시하셨다. 우리의 정체성과 역사적인 상황을 직시하면서 복음주의적 신학에 기초한 신앙의 길을 제시한 것이다.

스승이 후학들에게 끼친 영향은 실로 적지 않다. 그는 나와 많은 동문에게 웨슬리 신학의 균형감각을 깨우쳐 주셨다. 소중한 깨우침은 지금까지도 가장 큰 지적^{知的}, 영적^{靈的} 자산으로 남아있다. 은혜와 학문의 영역을 조화시키신 나의 스승이야말로 시대의 선장이시다. 급격한 변화의 소용돌이 속에서도 키를 잡고 한국교회라는 큰 배를 항구로 인도하는 분이다.

그리스도교 고전으로 길을 찾다

　　　　　　군 제대 후 복학했던 다음 해 신앙심이
깊으셨던 외할아버님께서 돌아가셨다. 그것이 계기가 되어 나는 기
도하시는 분의 인도를 받아 교회 생활을 다시 시작하였다. 어렸을
때 다닌 후로 첫 교회 생활이었다. 기도원 같은 분위기의 교회에서
열심히 기도하고 금식하며 신앙생활의 깊이를 더해 갔다. 그리고 권
고를 받아 대학 졸업 후 아현동 언덕에 있던 신학대학에 들어갔다.
M.Div. 과정(당시는 BD 과정이라 함)에 입학해 신학 공부를 시작했다.
뜨겁기만 했던 신앙에 신학이 녹아들게 된 것이다. 그리고 졸업 후
전도사 생활을 거쳐 복음적인 신앙을 견지하는 성결교회에서 목사안
수를 받았다. 그 과정에서 더 배우기 위해 신학대학원까지 마쳤다.
　　그러나 학문적인 부족함을 느껴 유학을 결심하게 되었다. 찾아낸

미국의 40여 개 대학에 입학하고 싶다는 편지를 보냈다. 대부분 답장이 왔으나 입학을 허가한다는 대학은 많지 않았다. 입학을 허가하면서 주는 장학금은 대개 교단에서 주는데 장학금을 주겠다는 대학이 없었다. 난감했다. 내가 소속된 교단은 한국의 자생교단이라 미국 교계에 잘 알려지지 않았기 때문이었다. 결국, 부모님께 신세를 지면서 $2,300을 손에 쥐고 뉴욕 맨하튼에 있는 유니온신학대학원 Union Theological Seminary에 진학했다. 아주 진보적인 신학대학원이었다. 베트남 전쟁 직후라 학교의 장학금은 열악했다. 학자금 사정이 어려웠지만 어쨌든 나는 1년 후 석사학위를 받고, 뉴저지 매디슨에 있는 드루대학교Drew University로 진학했다. 이후 13여 년에 걸쳐 공부했고 그곳에서 역사신학으로 철학박사 학위를 받았다.

드루에서 공부하는 동안 유니온신학교의 램프만 채플에서 뉴욕교회라는 개척교회를 세워 시무했다. 3년 후부터 미국의 수도 워싱턴 근처인 북 버지니아 훼어팩스 카운티의 던 로링Dunn Loring에서 6년간 목회했다. 목회 생활 9년을 포함하여 15년을 미국에 머물면서 공부했다. 등록금과 생활비 마련에 금쪽같은 시간을 노동에 소진하기도 했지만 귀중한 경험을 얻은 시기였다. 교육 목사, 교실 청소, 채소 가게 노동, 보석 가게 경비원, 대리석 바닥 닦기, 식당 막일, 잔디 깎기, 카펫 클리닝, 팻치 테스트 실험대상 등등 웬만한 일은 거의 다 했다. 돈이 부족하고 생활에 여유가 없어 일할 수밖에 없었다. 때로는 일하기가 지겨웠던 기억도 눈에 선하다. 그러나 젊을 때여서 그런지 그것을 고통스럽게 여기지 않았다.

정작 고통스러웠던 때는 학문과 목회를 함께 할 때였다. 육체적 고통보다 내적 심리적 불균형이 문제였다. 비판을 전제로 한 학문 연구와 사랑을 실천해야 하는 목회 활동을 동시에 추구하면서 겪는 내적 갈등이었다. 신학이라는 학문 활동은 고도의 냉정한 비판력이 요구되는데, 목회 현장은 영혼을 돌보고 사랑과 위로를 베풀며 봉사하는 일이 주된 요소다. 사랑하는 마음에 비판하는 마음이 겹치면 복잡한 심리상태가 된다. 공부를 마치고 목회를 했더라면 겪을 필요가 없을 문제였다. 박사학위 과정에서 고도의 비판력 없이 신학이라는 학문이 가능하지 않다고 믿던 나는 딜레마에 빠졌다.

안수받은 목사로서 목회하지 않을 수도 없고, 목회를 위해 학위를 포기할 수도 없었다. 둘 중 하나를 포기해야 하나? 그래서 당혹스러웠다. 이렇게 내적 갈등을 겪고 있을 때 내게 길을 안내해 주신 분이 있다. 그리스도교 고전을 읽도록 권해준 드루대학의 조직신학자 톰 오든*Thomas C. Oden* 교수님이시다. 이후 그분은 내 학문적인 스승이 되었다. 오든 교수님 자신도 심리학과 신학, 현대 모더니즘과 그리스도교 전통신앙 등으로 이미 깊은 내적 갈등을 경험하신 분이다. 자

개치네쒜

신의 내적 극복과정을 말씀해 주시며, 오늘날 유행하는 신학적 사조를 따르기에 앞서 그리스도교의 원래 모습을 찾아가 보라는 충고를 해 주셨다.

오든 교수님의 영향으로 그리스도교 고전*Christian classic*을 오랫동안 읽고 또 읽었다. 때로는 감동하고 심취하여 시간 가는 줄 모를 때도 있었다. 성경은 물론이고, 이레나이우스, 테르툴리아누스, 오리겐, 아타나시오스, 카파도키안 교부들, 암브로시우스, 어거스티누스, 레오 1세, 레랭의 뱅상 등 고대 교부들의 작품인 고전을 꼼꼼히 읽었다. 이렇게 그리스도교의 원천으로 돌아가 원래 그리스도교의 참된 면을 두루 섭렵했다. 고전을 읽으면서 방향감각 없이 떠다니던 현대 신학의 해석에서 벗어나게 되었고 내적 갈등도 해소되었다. 고전의 방대한 양 때문에 읽느라 시간은 오래 걸렸지만, 비로소 눈이 뜨였

다. 목회와 학문 사이의 갈등도 극복되어 균형을 이룰 수 있게 되었다. 점차 내가 수행하는 학문에 확신이 들었다.

지금까지도 그리스도교 고전의 지혜는 내 학문의 핵심이다. 그 덕분에 나는 늘 고전으로 돌아가자(*ad fontes*)는 학문 운동을 전개하고 있다. 그것이 그리스도교의 본류를 형성하는 큰 줄기임을 의심하지 않기 때문이다. 고전의 지혜가 모든 그리스도인 삶의 지표로서 자리매김하면 좋겠다.

개치 네쒜

아름답게 누워 있는 여인 '세실리아'

　　　　　　　　　　교계에 전해지는 전설을 소개한다.
1900년 전에 세실리아^{Cecilia}라는 예쁜 이름을 가진 아름답고 젊은 여
인이 로마에 살고 있었다. 그리스도교 신앙을 가진 귀족 집안에서
태어나 좋은 교육을 받고 자란 그녀는 어린 시절부터 신앙심이 돈
독했다. 하나님만을 믿으며 독신으로 살고 싶었지만, 부모는 그녀의
뜻과 달리 발레리안이라는 멋진 청년과 결혼을 시킨다. 이 청년은
신자가 아니었으나 세실리아의 간곡한 전도와 노력으로 점점 마음
을 열게 된다. 어느 날 세실리아가 기도하는 모습 속에서 하늘의 천
사가 옆에 있는 꿈같은 환상을 본 이 남자는 드디어 그리스도교 신
앙을 고백하게 되었고 세례를 받았다. 그리고 자신의 불신자 동생
티베르티우스까지 전도하여 믿게 하였다.

오늘날 우리는 자유롭게 예수 그리스도를 믿지만, 당시 로마에서는 예배드리려면 007 비밀 작전을 방불케 할 정도로 조심해야 했다. 그리스도교 박해가 다반사로 일어났기 때문이다. 황제 트라얀은 그리스도인을 모두 잡아들이라는 명령을 내리기도 했다. 황제 숭배와 로마의 다신교 관습을 거부하는 그리스도교에 대한 박해였다. 배교하지 않은 신자들은 붙잡혀 처참하게 죽곤 했다. 로마는 그리스도교 신자들을 중범죄자로 취급하여 죽은 이들의 시신을 매장하는 것조차 금지하였다. 그 때문에 처형된 이들의 시신이 길거리에 내버려지기도 했다. 세실리아의 남편 발레리안은 동생과 함께 밤에 몰래 나가 길에 버려진 그리스도인들의 시신을 수습하여 잘 매장해 주곤 했다. 오래지 않아 현장에서 잡힌 이 두 사람은 옥에 갇혔으나 신앙을 져버리지 않고 순교의 길을 택했고 형제 모두 참수형을 당했다. 이번에는 세실리아가 남편 형제의 시신을 길에서 수습하여 장사지냈다.

이를 알게 된 로마 군인들이 세실리아의 집에 들이닥쳤다. 장교는 욕실에 그녀를 가두고 불을 때서 뜨거운 수증기와 열기로 그녀를 질식시켜 죽이려 하였다. 그러나 시간이 많이 지나도 세실리아가 죽지 않자, 이번에는 도끼로 그녀의 목을 내리쳤다. (전설에 의하면) 목이 떨어져야 하는데, 세실리아는 목이 떨어지지 않은 채 쓰러졌다고

개치네쒜

한다. 여전히 꿈틀거리는 그녀를 바닥에 두고 두 번이나 더 목을 내리쳤다. 목은 떨어지지 않았으나 피를 많이 흘린 그녀는 결국 영원한 나라로 갔다. 이미 자신의 순교를 예감했던 그녀는 죽기 며칠 전 남은 재산을 가난한 사람들에게 나누어 주었고, 자신의 집은 나중에 로마에 신앙의 자유가 오면 하나님께 찬송을 올리는 교회를 짓는 터로 써달라고 미리 유언하였다. 믿음의 가족들이 그녀의 시신을 가져다가 로마의 외곽 카타콤이라 불리는 지하 공동묘지에 묻었다.

그녀의 아름다운 신앙과 순교 이야기는 밤하늘의 별처럼 수많은 사람에게 알려졌다. 드디어 313년 이후 로마에 복음의 자유가 찾아오자 세실리아를 기념하는 교회가 로마시 그녀의 집터 위에 세워졌다. 그리고 약 5백 년 후 817년 카타콤 지하무덤에서 그녀의 관이 발견되어 세실리아의 이야기는 역사적 사건으로 확인되었다. 그 관은 그녀 집터에 세워진 교회로 옮겨졌다. 그리고 다시 8백 년이 지난 1599년, 이탈리아의 조각가 스테파노 마데르노^{Stefano Maderno}는 관 속에 뉘어져 있는 그녀의 유골을 토대로 조각 작품으로 만들어 관 위에 두었다. 이것이 불후의 명작으로 알려진 조각상 '성 세실리아'다.

로마의 어두컴컴한 지하무덤 칼리스투스 카타콤을 방문하면 거기에 믿음으로 살다가 순교한 세실리아 최후의 모습을 새긴 조각 복제품을 볼 수 있다. 삼위일체 하나님 신앙을 표현한 세 손가락, 목에

남아있는 도끼 자국, 너무도 처참한 그 모습을 그대로 표현한 이 조
각. 그러나 그 모습은 보는 이로 하여금 가슴이 시릴 정도의 아름다
움을 느끼게 한다.

세실리아 외에도 우리가 기억하지 못하는 많은 무명의 순교자들
이 있다. 그들의 묘도, 그들이 천국으로 입적한 날(순교일)도 알지 못
한다. 그럼에도 불구하고 예수님의 부활 이후 첫 3세기 동안, 고난
의 시대를 살았던 얼굴 없는 신자들이 우리에게 남겨준 것이 있다.
바로 지금 우리가 믿는 복음이고 신앙이다. 우리가 믿는 이 진리는
UPS나 DHL, 또는 택배로 우리에게 쉽고 빠르게 배달된 것이 아니
다. 시대마다 하나님의 사람이 순교로, 피로, 헌신으로, 눈물로, 땀으
로 우리에게 전달한 것이다.

이 땅의 희망인 청년들이여 역사를 공부하고 배우라! 특히 과거에

개치네쒜

하나님을 사랑했던 사람들의 삶을 탐구하고 고전 속에서 그들과 대화하라. 그 안에서 그대는 일생을 두고 명심할 교훈과 아름다운 그대만의 사랑을 만나게 되리라.

기억에 남는 에피소드

유학 생활 중 기억에 남는 몇 가지 에피소드가 있는데 그중 한 가지를 소개한다. 워싱턴에서 목회할 때 어떤 사람으로부터 전화가 걸려왔다. "목사님, 교회 앞에 사람이 쓰러져있어요." 그리고는 전화가 끊겼다. 만사 제치고 급히 달려갔다. 한 청년이 교회 앞 계단에 쓰러져 있었다. 그를 차에 태워 급히 근처에 있는 훼어팩스병원Fairfax Hospital으로 갔다. 응급처치를 끝낸 의사의 설명으로는 머리의 핏줄이 터진 뇌출혈이라는 것이었다.

수술해야 하느냐 아니냐를 놓고 의사들의 지루한 의견대립이 있었다. 의사들의 이견 조율을 거쳐 한주 후 워싱턴 D.C.에 있는 조지워싱턴대학병원George Washington Hospital에서 대수술에 들어갔다. 아침 9시에 수술이 시작되었는데 저녁 무렵에 끝났으니 족히 8시간은 걸

개치 네쉐

린 것 같다. 나는 수술실을 볼 수 있도록 설계된 윗방에서 수술하는 광경을 잠시 볼 수 있었다. 두뇌 표면을 갈라서 열고 숟가락 비슷한 의료기기로 두뇌 속의 시커먼 핏덩어리를 거두어 냈다. 보기에 끔찍했다. 나는 거기까지만 볼 수 있었다. 수술 후에 의사는 머리 외피를 다시 꿰맸다고 했다. 그게 전부다.

이 청년은 교회 친교 식사 때 한두 번 나온 적이 있었다. 그는 제대로 먹기나 하는지 걱정할 정도로 가난했고 가진 재산이라고는 값싼 중고차 한 대가 전부였다. 근처 대학원에서 철학을 공부한다고 했다. 나는 그에게 신앙생활을 권고했으나, '니체에 의하면~ 어쩌구' 하는 철학적 궤변을 늘어놓으면서 신앙을 받아들이지 않던 청년이었다. 가족 없이 유학 중인 그가 미국에 보호자가 있을 리 없었다. 자연스럽게 목회자인 내가 보호자가 돼 버렸다.

한 달쯤 지나서 같은 수술을 또 했다. 절대안정을 해야 한다고 해서 당분간 면회도 금지되었다. 그래도 나는 매일 그를 찾아가 돌봐주었다. 하루는 어떤 사람이 오더니 다짜고짜 수술받은 그를 붙들고 꿔간 돈 내놓으라고 흔들며 소리를 질렀다. 절대안정이 요구되는 환자니 자극하지 말라고 만류해도 그 사람은 막무가내였다. 바가지로 욕을 먹고 나서 겨우 그 사람을 떼어 낼 수 있었다. 물론 이민 생활에 지쳐있고 사정이 있을 테지만 이건 좀 심하다 싶었다. 메마른 인심과 자기 생각만 하는 태도를 보고 사람에 대한 회의감마저 들었다.

그 후 청년의 부인이 한국에서 미국으로 들어와 남편을 돌보았다. 그러나 퇴원할 때가 되었는데도 이들 부부가 갈 곳이 없었다. 할 수 없이 우리 집으로 왔다. 달리 갈 곳이 없으니까. 그런데 더 중요한 것은 치료비 문제였다. 환자는 누워 있고 병원 치료비는 3만 달러가 좀 넘었다. 부인은 이런 목돈이 없었다. 더군다나 외국 생활도 처음이고 언어도 통하지 않는 부인이 할 수 있는 것은 아무것도 없었다. 이민 목회자는 이런 난처한 일을 종종 마주하게 된다. 그때 나는 이런 일을 당연히 목회자가 해야 할 일로 받아들이고 이를 해결하기 위해 나섰다.

병원 회계과 직원이 내게 수술비와 입원비 등 비용이 3만 4천여 달러라며 어떻게 낼 거냐고 물었다. 일단 그들에게 상황을 설명하고 선처를 구했으나 그들은 안 된다고 했다. 며칠간 실랑이가 계속되었

개치네쒜

다. 그러다 그들은 안 되겠는지 내게 병원 내의 사회보장국 *Social Service Department* 사람을 소개해 주었다. 여기서도 문제는 쉽지 않았고 일이 해결되기까지 몇 달이 더 걸렸다. 그래도 나는 최대한 예의를 다해 그들을 대했다. 환자를 잘 고쳐주고 돌봐 준 것에 감사와 고마움을 표했다. 그리고 가난한 유학생으로서의 환자 상황과 개척교회의 목사로서 내 형편도 호소했다. 물론 내가 담임하는 교회도 수술비를 부담할 여력이 되지 못함을 진지하게 설명했다.

이런 와중에 나는 환자 청년에게 편지를 간곡히 써서 이 문제를 해결하자고 제안했다. 우선 병원 측에 감사의 말을 전하며 동시에 환자가 어느 정도 나아 일할 수 있으니 일을 해서 병원 치료비를 갚겠다고 썼다. 다만 일자리가 없으니 병원 측에서 본인(환자)을 고용해 주면, 어떤 일이든 다 하겠고 치료비는 분납으로 갚겠다는 편지를 병원 사회보장국에 보냈다. 이렇게 하지 않으면 치료비를 낼 길이 없었다. 더구나 그때는 미국에서 강력한 이민정책이 시행되던 때여서 외국인에게 노동 허가가 잘 나오지 않았다.

입원비 협상을 할 때, 처음에 그들은 3만 4천 달러에서 3만 달러, 2만 달러, 만 달러 이렇게 내려오더니 나중에는 오천 달러는 꼭 내야 한다고 했다. 나는 실제로 돈이 없으니 상징적인 돈 1달러 이상은 낼 수가 없다고 했다. 그들은 화를 내며 나가라고 하기도 했고 어떤 때는 면담도 거절했다. 시간이 지나면서 그들도 어쩔 수 없었는지 회유도 하고 하소연도 하면서 얼마의 돈이라도 내라고 했다. 협상 두 달쯤 지나자, 그들은 5,000달러에서 500달러까지 내려갔고, 나는 1달러에서 50달러까지 올라갔다. 마지막에는 내가 50달러 이상은 지출할 수 없다고 강하게 버텼다. 지금 생각해 보면 억지를 부렸던 것 같긴 하다.

넉 달 만에 병원 사회보장국과 합의했다. 50달러를 내지 않아도 되고 모든 치료비를 탕감해 준다는 통보를 받았다. 지루하고 긴 협의 과정이었지만 이런 결정을 해준 병원 측이 정말 고마웠다. 거액의 치료비 문제가 있었음에도 끝까지 인간적인 배려를 해 준 그들에게 경의를 표한다. 선진 사회의 일 처리 방식을 한 수 배운 셈이다. 결국, 환자 청년은 우리 집에서 한 달가량을 더 쉰 다음 귀국하였다.

이때의 경험 때문인지 그는 고국으로 돌아가 신학을 공부하고 목사안수를 받아 지금은 조용한 산간 시골에서 목회하고 있다. 그와는 가끔 만나는데, 그는 받은 사랑의 빚을 어려운 이웃에게 봉사함으로써 갚고 있다. 지금 생각해 보면 당시엔 그나 나나 힘들고 어려운 시간을 보냈다. 그러나 그 일로 하나님은 한 사람을 극적으로 변하도록 하셨다. 그 일에 쓰임 받도록 인도하신 분께 감사할 뿐이다. 가끔은 그때 나의 무모함과 담대함이 그립다.

개치 네 쉐

목사는 사람이다

        종교학을 공부한다는 녀석을 만났다. 당돌한 질문을 한다. 아마 그놈은 내가 목사인지 아나 보다. "선생님, 스님은 성직자 같아 보이는데, 목사님은 왜 샐러리맨처럼 보이지요?" 자아~식. 질문은 좀 괘씸했지만 한편 생각해 보니 도시 교회 목사님을 그렇게 보는 것이 과히 틀린 얘기도 아니다. 그도 그럴 것이 목사에게서 풍겨야 할 종교적, 영적 분위기가 나타나지 않으니까. 마음에 뜨끔하면서도 조용히 생각해 본다.

    목사를 '하나님의 대리자'로 생각하는 사람이 있다. 목사가 하나님과 인간 사이에서 중보자의 역할을 하는 사람이라고 보는 것이다. 한마디로 하나님을 대리한다는 개념이다. 한국교회의 역사를 보면 교인들은 목사를 하나님의 대리자처럼 여기고 한껏 높여 나무 위에 올려놓는다. 그러다 어느 날, 그가 하나님의 대리자가 아니라는 사실을 알게 되면 그때부터 그를 나무에서 떨어뜨리기 위한 활쏘기 작업을 시작한다. 한국교회가 분열할 수밖에 없었던 불행한 역사의 한 단면이다. 그러나 성경은 하나님과 사람 사이의 중보자는 한 분이시니 곧 사람이신 그리스도 예수라고 했다. 예수님이 아닌 목사는 결코 하나님의 대리자가 아니며, 하나님과 인간 사이의 중보자도 아니다.

목사가 하나님의 대리자가 아니라면 목사는 누구인가? 답은 간단하다. 목사는 사람이다. 그는 천사와 같은 초자연적인 존재가 아니다. 사람일 뿐이다. 모든 목사가 다 사람이다. 인간적인 한계가 있고 약점과 결함이 있는 사람이다. 그러므로 그 연약함 때문에 다른 이들의 이해와 격려가 필요하다. 그래서 우리는 목사를 사람으로 바라보는 안목이 필요하다. 하나님께서는 복음을 부탁하실 때 천사가 아닌 사람에게 부탁하셨는데(딤후 2:2), 오늘날 교회에서는 이점을 거의 망각하고 있는 듯하다. 교인들이 흔히 요구하고 있는 목사의 자격을 한번 보자.

훌륭한 설교자라면 좋겠습니다. 해박한 성서 지식과 신학 지식이 있으신 분이면 좋겠습니다. 영혼의 구원을 위해 불타는 마음을 가지신 전도자이길 원합니다. 동시에 자비로우시고 온유한 마음을 가지신 목자면 좋겠습니다. 우리는 솔로몬과 같은 지혜를 가지신 분을 찾습니다. 명랑한 성격을 가져서 분위기를 잘 이끄시는 분을 찾습니다. 키도 크고 미남이면 좋겠습니다. 다른 사람과 잘 화합할 수 있는 사람이면 더 좋겠습니다. 행정적으로도 탁월한 능력 있으신 분을 요구합니다. 교회를 확장 발전시킬 수 있는 창조적이고 사업가적인 두뇌를 가지신 분을 원합니다… 등등.

이런 조건을 충족할 수 있는 목사가 얼마나 될까? 아마 천사 중에서 한 분을 모셔와야만 할 것이다. 우리는 목사의 자격을 요구할 때마다 목사가 사람이라는 사실을 자주 망각한다. 하나님께서 당신의 사람을 쓰실 때 많은 자격을 보고 쓰시는 것이 아니다. 어떤 한가지

자질이라도 당신의 영광을 나타낼 수 있다고 판단하시면 그 사람을 사용하신다. 그런데 우리는 목사에게 얼마나 많은 자격을 요구하고 있는가? 하나님께서도 요구하지 않는 자격을 말이다.

목사 나이가 어리면 경험이 부족하다고 하고, 나이가 많으면 시대에 뒤떨어진 목사라고 말한다. 원고 설교를 하면 은혜가 없고 능력이 없다고 말하고, 원고 없이 설교하면 준비성도 없는 목사라고 말한다. 목사가 교인들의 뜻에 잘 맞추지 않으면 사랑이 없는 목자라고 말하고, 교인들의 뜻에 잘 맞추어 나가면 줏대가 없고 타협적인 목사라고 한다. 목사가 밖에 나가 설교를 많이 하면 본 교회를 등한히 한다고 말하면서 밖에 나가 설교하는 일이 별로 없으면 오죽 못나서 초청 한번 못 받느냐고 한다. 목사가 교회 일을 좀 도와달라고 부탁하면 그렇지 않아도 바빠 죽겠는데 이것저것 시키느냐고 짜증과 푸념을 입에 달지만, 목사가 아무 소리 없이 스스로 알아서 일을 처리하면 소외당해서 교회를 떠나겠다고 은근히 압력을 넣는다.

이거 이래서야 어디 목사 노릇 할 수 있을까? 교회의 신앙적 지도자, 영적 지도자도 사람임을 잊지 말아야 한다. 사람이기 때문에 격려가 필요하고 사람이기 때문에 신자의 애정이 필요하다. 목사는 사람이다.

4 장

역사와 예술 마주하기

역사를 보는 눈

김 군과 박 군에게 어떤 여자가 멋있느냐고 물어보았다. 김 군은 예쁘고 잘생긴 여자가 멋있다고 한다. 그런데 박 군은 재치있고 똑똑한 여자가 더 멋있다고 한다. 보는 눈의 차이다. 유리컵에 물이 반 정도 있다. 한 사람은 컵에 물이 반이 차 있다고 말하는데, 다른 사람은 컵에 물이 반이 비어 있다고 말한다. 역시 관점의 차이다. 관점은 옳고 그름의 문제가 아니다. 접근하는 방법이 다를 뿐이다. 역사를 보는 눈도 이와 같다.

책의 앞부분에 있는 목차를 보면 보통 서문 또는 개요와 같은 장^章이 나온다. 책 전체를 객관적으로 조명하거나 '안내^{Introduction}'하는 부분이다. 그런데 어떤 때는 '해석^{Interpretation}'이 그 자리를 대신 차지하여 책 전체를 주관적인 관점에 따라 해석한다. 자 그렇다면 안내와

해석이라는 이 두 단어가 가지는 함의는 무엇일까? 그것은 과거를 어떻게 보는지, 역사를 어떻게 이해해야 하는지 방향을 보여주는 키다. 지금의 시점에서 과거를 볼 때 보는 관점에 따라 해석이 다양하게 나타난다. 이해를 위해 정리해 보면 크게 두 관점으로 볼 수 있다. 이 관점은 역사를 의미하는 독일어 단어 Geschichte 와 Historie의 뜻을 음미할 때 아주 잘 나타난다.

먼저 역사를 Geschichte로 이해하는 관점을 보자. 이 단어는 동사 geschehen(어떤 일이 일어났다)에서 파생된 명사로, "일어났던 일", "일어난 사실"을 뜻한다. 그러므로 이 단어를 써서 역사라고 할 때 그 뜻은 실제로 일어난 사건으로서의 역사 지식, 과거에 일어난 일, 즉 사실로서의 역사를 말한다. 엄격한 사료 비판과 정확한 문헌 자료에

개치 네쉐

근거해 과거의 '있었던 그대로'(Wie es eigentlich gewesen)를 말하는 객관적인 역사 지식이다. 이런 관점을 가진 역사가는 역사를 기술할 때 사료 내용을 편견이나 선입견, 또는 종교관에 치우치지 않고 공정성과 객관적 취급을 강조하면서 자료에 따라 서술한다. 자연히 논문 인용법이나 저술 방법, 1차 자료, 2차 자료의 기본이 되는 개념이 중요시된다. 역사를 사실 그 자체로만 다루어야 한다고 주장한 역사가로는 19세기 독일의 역사가 랑케(Leopold von Ranke, 1795-1886)가 대표적인 학자다.

다음으로 역사를 Historie로 이해하는 관점을 보자. 원래 이 단어는 고대 그리스어의 *ἱστορία*를 음가대로 라틴어로 옮겨 *historia*가 되었고 독일어로 Historie가 되었다. 원뜻은 아리스토텔레스가 그의 책 *Historia Animalium*에서 밝힌 대로 '조사와 탐구를 통해서 얻은 지식'을 말한다. 오늘날 Historie는 발생한 사건을 설명하고 해석하는 역사라는 뜻으로 쓴다. 이 관점에서는 실제로 일어났던 역사는 역사가가 자신의 주관을 가지고 해석할 때에만 의미가 있다고 본다. 과거 사실을 모두 알 수도 없을 뿐 아니라, 역사적인 사건의 나열만으로 역사 지식이 될 수도 없으므로 역사가는 역사적인 자료들을 자신의 관점에서 해석하지 않으면 아무 의미가 없다는 말이다. 그러므로 역사는 현실에 대한 철학적 인식이라 할 수 있다. 여기서 역사

연구의 핵심은 '해석'이 된다. 해석자는 자연과학의 실증주의적 인식 방법을 거부하고 인간 정신을 근간으로 하는 역사 인식방법을 중요시한다. 사실에 의해 정신이 움직이는 것이 아니라, 정신에 의해 사실을 보는 것이다.

이 두 번째 관점을 대표하는 역사학자로 20세기의 크로체(Benedetto Croce, 1866-1952)를 들 수 있겠다. 그는 랑케의 객관주의 역사관을 뒤엎었다. 그는 사료의 부정확성과 불충분함을 역사의 한계로 보지 않고 본질로 수용했다. 마찬가지로 역사가의 적극적 선택의 개입도 본질로 수용했다. 그에 의하면 역사는 인간의 정신을 표출하는 서술이어야 하며 현재를 다룬 서술이어야 한다고 주장한다. "모든 역사는 현재의 역사다"라는 명제가 대변하듯, 그는 상대주의 역사관의 아버지로 불린다. 과거에 일어난 일은 어떤 사실이든 인간의 사유를 거치지 않고는 이루어지지 않기에 인간의 정신과 떨어진 사실은 죽은 파편과 같다고 한다. 모든 역사란 해석자의 주관적인 관점에서 보아야 의미가 있다는 것이다. 해석자의 주관에 방점이 찍혀있다. 영국의 콜링우드(Robin George Collingwood, 1889-1943)도 같은 관점을 가지지만 조금 더 나아가 이렇게 말한다. "과거는 역사 속에 있으나 그것은 단순히 죽은 과거가 아니라 아직도 현실 속에 살아있는 과거이므로 모든 역사는 사상의 역사다"라고 한다. 음미할

개치네쒜

만한 언급이다.

  역사를 이해하는 대표적인 관점으로 이상의 두 가지를 설명했지만, 더 나아가 랑케나 크로체를 넘어 콜링우드보다 조금 더 발전된 관점을 가진 학자로 『역사란 무엇인가』를 쓴 카(E. H. Carr, 1892-1982)를 생각해 볼 수 있다. 필자가 보기에 카는 랑케와 크로체로 대변되는 두 관점을 자신의 역사 철학에 따라 하나로 조화시킨 인물로 보인다. 과거의 빛을 통하여 현재를 바라보고 현재의 빛을 통하여 과거를 바라볼 수 있다고 한다. 그에게 역사란 '사실'과 '역사가' 사이의 상호관계, 즉 과거의 사실을 다루는 '역사의 객관적인 측면'과 그 사실을 기록하는 '역사가의 주관적 측면'의 상관관계를 적절하게 규명하는 작업이다. 역사란 역사가와 사실 사이의 부단한 상호작용의 과정이며 현재와 과거 사이의 끊임없는 대화라는 것이다. 맞는 말이다.

  이처럼 역사를 이해하는 방법은 다양하다. 하나하나 뜯어보면 랑케가 주장하듯 역사가는 자신을 숨기고 역사적 사실만 말해야 한다는 객관적 역사도 일리 있는 말이요, 모든 역사는 오늘의 역사라고 주관적 의미의 역사를 주장한 크로체의 주장이나 이에서 조금 더 나아간 콜링우드의 관점도 타당한 말이다. 그리고 카가 사실을 갖지 못한 역사가는 뿌리가 없는 존재로서 열매를 맺지 못할 것이며, 반대로 역사가 없는 사실은 생명이 없는 무미한 존재이기 때문에 역사적 사실과 역사가는 서로를 필요로 한다는 주장은 무척 설득력 있다. 사실 이들의 관점 어느 것도 무시할 수가 없다. 모두 장단점을 가지고 있으니까. 다만 그중 어떤 것을 내 관점으로 삼으려 한다면 학문적 교통정리를 할 필요가 있을 것이다. 더 깊이 들어가면 학문적 논쟁이 될 것이므로 이쯤에서 줄이기로 하자. 내가 하고 싶은 말은 어떤 역사관점을 택하든지 생동하는 과거를 오늘 생생하게 맛볼 수 있는 관점을 찾는 일은 독자의 몫이라는 것이다.

개치네쒜

직선 사관과 순환 사관

시간의 흐름이나 축적을 역사라 한다면 시간과 역사는 같은 개념이다. 그러나 역사는 어떤 일이 일어나야만 가능하다. 역사는 우리에게 어떤 인물이 관련되어 있으며 언제 어디서 그 사건들이 일어났는지를 알려 준다. 그렇다고 역사는 단순히 날짜, 장소 또는 인물만 나열한다고 되는 것은 아니다. 역사를 공부할 수 있는 것, 즉 역사관이 있어야 한다. 대표적인 두 역사관을 보자.

1) 사형수가 있다고 하자. 사형되기 전의 그를 A라 하고, 사형당해 죽은 후의 그를 B라 하자. 사형수는 A에서 B로 향하지 절대로 B에서 A로 향하지는 않는다. 또 실수로 유리잔이 식탁 위에서 딱딱한 바닥으로 떨어져 산산이 부서졌다. 식탁 위의 유리잔을 A라 하고, 바닥에 떨어져 조각난 유리잔은 B라 하자. 유리잔의 상태는 항상 A

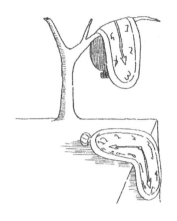

에서 B로만 향하지 절대로 B에서 A로 향하지는 않는다. 이런 걸 불가역적 성질이라고 한다. 시간이 과거에서 현재를 지나 미래라는 방향으로 흐르는 것처럼 역사도 불가역성을 가짐으로 한 방향으로 전진한다. 과거에서 미래라는 한 방향으로 나아간다. 역사는 순환하거나 되돌아오지 않고 시작점으로부터 시작하여 직선상에 있는 끝 지점까지 예외 없이 앞으로 움직인다. 이런 역사관을 '직선적인 역사관the linear view of history' 또는 '직선 사관'이라고 한다.

이 직선 사관은 서양 문화와 종교의 밑바탕이 되었다. 특히 그리스도교는 직선 사관이 그 바탕에 깔려있다. 인간은 탄생하고 성장하여 죽음에 이른 후 영원한 세계로 나간다는 관점이다. 가는 곳이 천국이든 지옥이든 종말에 오는 그 목적에 의해 역사는 형태가 짜이고

개치 네 쉐

조정된다. 이렇게 시간은 과거로의 후퇴 없이 정해진 목적을 향해 앞으로 진행한다. 역사의 나아감 역시 어제에서 오늘을 향하고, 오늘에서 내일을 향해 직선적으로 나아간다. 역사가 이처럼 목적^{telos}에 따라 직선적으로 발전해 나간다는 사관은 오랫동안 서구 사상의 근간을 형성해 왔다.

2) 이와 달리 두 번째 관점이 있다. 우리의 일상생활에서 쉽게 찾을 수 있는 관점이다. 모범적이고 평범한 한 직장인의 일상을 보자. 단잠을 잔 후 눈을 뜨니 아침이다. 부지런히 세수하고 아침을 먹는다. 이어 지하철 타고 출근한다. 직장에서 오전 일과가 끝나면 점심 시간이 찾아온다. 점심 먹고 주어진 오후 일과를 마치면 퇴근이다. 집에 와서 저녁 먹고 가족들과 잠시 단란한 시간을 보낸다. 그리고 잠자리에 든다. 다시 아침이 되고 출근 시간이 찾아온다. 이 직장인의 하루는 아침, 점심, 저녁, 밤을 지나 다시 아침이 된다. 하루만 아니라 일주일이 그렇고 계절도 그렇다. 겨울이 지나면 봄이 돌아온다. 같은 패턴이 반복된다. 시간이 앞으로 가는 게 아니라 같은 일이 반복되면서 다시 되돌아온다. 이렇게 시간의 흐름이 일정한 패턴으로 돌고 도는 관점을 '순환적인 역사관^{a cyclical view of history}' 또는 '순환 사관'이라고 한다.

순환 사관은 동양 문화와 종교의 바탕이다. 인간은 탄생하고 성장하여 죽음에 이른 후 중간 상태인 바르도를 지나 다시 탄생을 맞이한다. 겨울이 지나고 다시 봄이 오듯 삶도 반복된다고 믿는다. 역사가 큰 틀에서 반복된다. 이 '순환적 역사관'은 발전과 진보를 지속하지 않는다. 대신 발전과 퇴보를 반복한다. 개인만이 아니라 사회도 그렇다. 동양에서는 한 나라에 혁명이 일어나도 왕의 성씨가 바뀌는 역성혁명일 뿐이지, 백성들 삶의 방식이 근본적으로 변화하거나 발전하는 것이 아니었다. 사람이 살면서 먹고 마시며 사랑하고 갈등하는 삶으로 무수한 시간을 반복해 왔을 뿐이다. 그러므로 순환적인 역사관은 시작도 끝도 없는 것을 말한다. 같은 점을 돌고 또 도는 것과 같은 것이다. 그것은 또한 끝없는 자연의 순환, 즉 영원히 똑같은 일들이 일어나고 또 일어나는 것과 같은 순환이다.

역사학자들은 순환적인 역사관을 비역사적이라고 거부한다. 그래서 오늘의 역사연구는 대부분 직선적인 역사관의 관점에서 형성되었다. 그것은 서구 문명의 발전 속에서 직선 사관이 순환 사관을 압도했기 때문이다. 우리가 알다시피 고대 서구사상의 선구자였던 그리스인들은 원래부터 순환 사관을 가지고 있었다. 그런데 역사가 흘러가면서 순환 사관은 이제 쓸모없다는 생각이 점차 득세하였다. 특히 기술문화가 서구 세계를 지배하게 되자 직선 사관은 그 우수성이 더 입증되고 순환 사관의 평판은 떨어졌다. 이렇게 해서 오늘을

개치네쒜

지배하는 역사관은 직선 사관이 주류를 이루게 되었다.

두 사관을 비교하면서 우리는 '자연'과 '역사'를 생각하지 않을 수 없다. 자연은 그 본질 안에 순환적인 측면이 있고, 역사는 기본적으로 선형linear이다. 순환적인 행태를 보이는 자연은 품고 있는 목적이 없다. 역사의 끝, 종말까지 펼쳐 나가려는 그 어떤 목적도 없다. 또 시작하려는 의도도 없다. 시간이 자연에서 시작을 표시하려면 개입해야 한다. 그러나 그러면 그것은 자연이 아니다. 시간이 자연에 개입하면 그것은 역사가 되고, 그 역사는 항상 움직인다. 그리고 역사는 종말이라는 목적을 가진다. 반대로 자연은 영원히 되돌아오는 순회가 근간이다. 이것이 자연이다.

이렇게 보면 자연과 역사는 서로 반대편에 서 있는 두 사관(?)처럼 보인다. 그러나 꼭 그런 것은 아니다. 두 사관의 절충 가능성이 있다. 내가 매일 똑같은 일상생활을 하는데도 늙어가는 것처럼 시간과 역사가 순환하는 동시에 앞으로 직진한다고 생각하면, 그것은 절충적인 입장이 된다. 이것을 제3의 사관이라 할 수 있을까? 아직은 검증된 바 없다. 다만 이해를 돕기 위해 늘어나는 용수철helix 모양에서 어떤 연상을 할 수 있다면 그것으로 충분하겠다. 순환하면서도 전진하는 상상을 하게 하니까.

관점의 차이

본질은 예나 지금이나 같으나 겉은 변한다. 라디오의 예를 들어보자. 진공관을 쓰는 옛날의 아날로그 라디오는 신호 전압을 증폭하고 가청 주파수로 변화시켜 소리를 듣게 한다. 한편 반도체 집적회로로 구성된 오늘의 디지털 라디오는 주로 신호 전류의 변화를 감지해 음성신호를 포착한다. 전자는 전압을 조정하고 후자는 전류를 조정한다. 고장이 나면 아날로그 라디오는 고장 난 부분을 수리하거나 납땜을 하여 고친다. 그러나 디지털 라디오는 고장 난 부분을 수리하지 않고 그 부분의 블록 전체를 아예 다 떼어내고 새 블록으로 교체한다. 같은 라디오지만 수리하는 방법이 서로 다르다. 고

개치네쒜

치는 착상이 다르다.

문화 영역에서도 관점이 다른 예가 많다. 지난 20세기 중반까지
만 해도 춤추는 남녀를 부도덕한 시선으로 바라보는 경우가 많았다.
그런데 지금은 춤추는 것이 건강에 좋다고 누구나 알고 있다. 일부
러 시간을 내어 춤추러 간다. 시대정신이 바뀐 것이다. 자연히 관점
이 바뀌었다. 또 예전 같으면 한국의 아이돌 그룹이 웸블리에서 공
연하는 것은 어림도 없었다. 그런데 이제 BTS의 웸블리 공연은 암
표 입장권을 사야 들어갈 수 있다. 시대에 따라 관심이 바뀐다. 잘 알
려진 상품이 팔리지 않고, 시대정신에 맞는 상품이 팔린다. 현대 문
화를 지배하는 상품들 말이다.

오늘날 카페는 커피숍이지만 커피만 마시러 가는 곳이 아니다. 사
람을 만나든 책을 보든 간단한 업무를 보는 공간으로 바뀌었다. 또
맛없기로 유명한 어떤 햄버거 가게가 오랫동안 장수하는데, 왜 그럴
까? 원래는 독특한 맛 때문이었겠지만 이제는 사람들이 맛 때문에
가지 않는다. 개인적인 일을 수행하고 혼자만의 여유를 즐기는 공간
이 필요해서 간다. 그러니 구태여 햄버거가 맛있을 필요가 없다. 이
렇게 매장을 이용하는 사람들의 요구와 관점이 달라졌다. 이런 변화
는 이미 하나의 문화가 되었다.

한 선생님이 학생들에게 술을 마시면 몸에 해롭다는 사실을 알려

주기 위해 실험을 했다. 선생님은 두 개의 유리 시험관에 각각 맹물과 술 원액을 넣었다. 그리고 살아있는 지렁이를 한 마리씩 각각 시험관에 넣었다. 물에 넣은 지렁이는 살아서 꿈틀거렸는데, 술에 넣은 지렁이는 몸부림치더니 금방 녹아버리고 말았다. "여러분, 지렁이가 녹아 없어지는 것을 보고 무엇을 느꼈나요?" 선생님의 물음에 한 학생이 씩씩하게 답한다. "술을 많이 마시면 몸속의 기생충이 싹 녹아버립니다." 음주의 위험성을 알리려고 한 것이었는데, 이 아이는 엉뚱하게 해석한다. 생각의 차이고, 관점의 차이 때문이다.

또 우리의 마음 먹기에 달린 차이도 있다. 환경이 불우한데도 그에 굴복하지 않고 꿈을 꾸면서 즐겁게 사는 사람이 있다. 반면에 세상 사람들이 부러워할 정도로 유복한 환경인데도 매일 징징대며 우울하게 지내는 사람도 있다. 마음먹기에 달린 것이다. 철학적으로 표현하면 어떤 관점을 갖느냐에 다름이 아니다. 우리는 일상에서 서로 맞다 아니다 하며 다툴 때가 있는데, 대개 옳고 그름보다 서로의 관점이 달라서 그렇다. 그렇다면 우리가 어떤 관점으로 세상을 보느냐를 숙고할 필요가 있다. 나의 관점과 상대의 관점을 이해한다면 싸울 일이 별로 없고 평화로울 것이다.

개치 네쉐

우아한 예술과 광기의 예술

아는 사람 중에 예술가 스타일의 사람이 있다. 집에 있는 오래된 물건은 다 내다 버리고 단순하고 깔끔한 것으로 재배치하는 절제된 미를 추구하는 인물이다. 그의 사전에 '구질구질'이라는 말은 아예 없다. 남에게 신세 지는 것도 무척 싫어한다. 애들 말로 '쌈빡한 사람'이다. 그와 오래 사귀던 여자가 결혼하고 싶어 했다. 이 희한한 예술가 역시 그녀를 좋아했다. 그런데 그녀가 돈이 너무 많다는 이유로 10여 년이나 재혼을 미뤘다. 그리고 그는 그녀의 돈이 거의 떨어졌을 때 재혼했다. 이런 고집이 정말 예술가의 혼인지 의문이지만 여하튼 여자에게 신세 지기 싫다는 것이었다. 담백하다 해야 할지, 결벽증이 심하다고 해야 할지, 남성주의자라고 해야 할지 아무튼 가까운 사이니까 좋게 보자.

소위 말하는 예술인, 예술을 하는 사람은 누구를 말하는 걸까? 음악, 연극, 영화, 미술 등에 거의 미친 사람일 것이다. 극단적으로 말해 자기가 옳다고 믿으면 그 길로만 가는 사람이라고 할 수 있겠다. 손해를 봐도 뒤돌아보는 일이 없다. 아무리 배고파도 하고 싶은 일은 한다. 자기 소신대로 사는 사람으로 개성과 자존심이 강하다. 부러지면 부러졌지 굽히지 않는 성격을 가진 사람이 예술인이 아닌가 한다. 한마디로 그는 밥 벌어먹기 쉽지 않은 직종을 가진 사람이다. 물론 '난 사람'이나, 뛰어난 탤런트를 가진 사람은 예외지만 말이다.

한편 예술인은 아주 쿨~하지만 대체로 우아한 것을 선호한다. 얼마 전에 종영된 TV 드라마 '우아한 家'에서 재벌의 첫째 아들 만수는 영화감독이다. 그는 살인범죄가 드러나는 과정에서 자기의 범죄를 애써 부인하거나 변명하지도 않고 숨겨달라고 하지도 않는다. 그저 위트와 유머로 답하면서 여유와 우아함을 견지한다. 초조함 같은 건 없다. 그를 체포하러 온 수사관들을 기다리게 해놓고 자신이 듣던 음악을 끝까지 다 듣는 여유를 보인다. 그리고 미련 없이 스스로 자신의 삶을 마감한다. 이 드라마는 한 예술가의 우아함을 표현하려고 애쓴 흔적이 보인다. 이 극작가의 시도처럼 과연 예술은 우아한 것일까?

'예술art'이라는 말을 브리태니커 사전에서 찾아보면 시각, 청각 또는 공연 작품을 만드는 다양한 인간 활동이라고 쓰여있다. 인간의 자유 의지와 창조에서 비롯된 상상력이나 기술력에 대한 아이디어를 가리킨다. 예술Art은 기술을 의미하는 라틴어 'ars'에서 나왔다. 즉 예술은 인간 속에 내재하는 기술에서 나온 것이라는 뜻이다. 고대에는 기술을 뜻했고, 중세에는 학문과 미술을 의미했다. 17세기 이후부터 순수 예술Fine Art인 창의적 아이디어의 구체적 표현을 뜻하는 것으로 알려졌다. 예술은 그 특성상 인간의 감각과 관련된다. 즉 시각적으로 접근하면 예술은 회화, 조각 및 건축 등으로 나타나며, 청각적으로 접근하면 음악이 되고, 언어와 관련해서는 철학이나 문학이 된다. 오감을 표현한 것으로 연극, 영화, 무용도 있다.

심지어 21세기에는 미디어와 과학 작품도 예술로 간주한다. 애니메이션 영화도 한 편의 예술 작품으로 간주한다. 다만 체육인을 예술인이라고 부르지 않는데, 그 이유는 잘 모르겠다. 사람들은 피겨 스케이터인 김연아를 체육인으로 인식하고 있다. 스코어 카드에는 그녀가 빙상에서 얼마나 아름다운 춤을 추느냐에 따라 그녀의 예술 성적이 기록된다. 그런데 올림픽에까지 출전했던 그녀를 왜 예술인이라고 하지 않는가?

예술에는 상식을 뛰어넘는 표현이 종종 나타난다. 언젠가 프랑스 파리의 한 미술관 내에서 있었던 일이다. 어느 방에 들어갔다. 관람객이 몇 사람밖에 없었다. 한 남자가 벽에 기대 신음하고, 배에서는 피가 뚝뚝 떨어지고 바닥에 흥건히 고여있다. 깜짝 놀란 나는 소리 질렀다. 뭐라고 소리 질렀는지 기억나지는 않는다. 주위를 돌아보고 도와줄 사람을 찾는데 사람들은 조금도 동요하지 않고 오히려 나를 물끄러미 바라본다. 이상하다 싶어, 벽에 기댄 사람 가까이 갔다. 아뿔사, 이건? 사람 형상을 한 작품이었다. 벽에 기댄 사람에게 피와 같은 색깔의 액체가 뚝뚝 떨어지고, 어딘가에 설치된 스피커에서 신음하는 소리가 들렸다. 소위 말하는 행위 예술, 아니 전위 예술의 한 모습이었다.

방송에서 들은 얘기다. 이탈리아에서 한 작가가 길가에 버려진 쓰레기로 예술 작품을 만들었다고 한다. 전위 예술의 한 장르다. 그런데 얼마 후 환경미화원들이 와서 그 쓰레기를 싹 쓸어갔다. 환경미화원들은 그것을 쓰레기로만 보았지 예술 작품으로 본 것이 아니었다. 신문 가십난에 이런 내용이 보도되고 여러 사람의 입에 회자 되었다. 얼마 지나지 않아 비슷한 일이 일어났다. 이번엔 정 반대다. 어떤 사람이 지나가다 실수로 안경을 떨어트렸는데 사람들은 땅에 있는 안경이 무슨 전위 예술인지를 보려고 가까이 다가가 이리저리 살펴봤다. 어떤 메시지가 담긴 전위 예술인가 하고 말이다.

'우아한 예술'과 '광기의 예술'은 같은 카테고리에 속할까? 아니면 대립하지만 둘 다 예술 장르라고 할 수 있는 것일까? 자~ 어느 게 진짜 예술이냐? 아니면 이런 질문이 과연 적절한가? 칸트에 의하면, 아름다움이란 대상과 연관된 표상에서 온다고 한다. 맞는 말이다. 그러나 쾌快와 불쾌不快라는 주관적 감정은 객관적 인식의 요소가 아니다. 우아한 예술과 광기의 예술에는 주관적 판단이 개재돼 있다. '우아한' 또는 '광기의'이라는 형용사로 예술을 표현하는 것은 표현자의 주관이 선제적으로 작용하고 있음을 의미한다.

　우아한 예술은 우선 그리스와 로마의 예술을 계승한 17세기 신고전주의 예술사조에서 찾아볼 수 있다. 아름다움의 조건으로 균형, 조화, 비례, 적절한 크기, 대비 등이 미美를 판단한다. 고상함이나 적

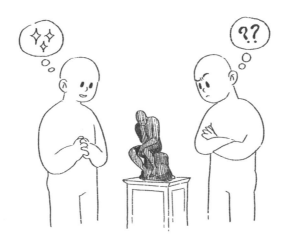

절함^{decorum}에 아름다움이 있다는 것이다. 현상보다는 이데아를 추구하는 지배계층의 세계관을 반영하는 예술관이다. 이성에 의한 조화와 균형을 강조한 예술은 결국 우아한 예술이라는 종착점으로 귀결된다. 플라톤과 아리스토텔레스의 전통적인 미학을 따르는 칸트의 미학이 바로 이것이다. 아름다움의 보편적 형식을 강조한다. 따라서 이러한 기준에서 벗어난 예술 작품은 거친 예술, 미친 예술, 광기의 예술이 된다.

이에 반해 니체의 미학은 아름다움을 생리적 조건, 몸에 대한 통찰로 전환 시킨다. 니체는 예술을 한 인간의 의욕의 흥분제 혹은 의지의 자극제라 여긴다. 의욕은 창조이고 의지는 기쁨이다. 그는 이성적인 것이 실제로는 비이성과 광기로부터 기원한다고 주장하며 예술의 필요조건에 인간의 도취를 포함시킨다. 지금까지 예술은 관람객의 관점에서 본 것이다. 그러나 예술은 예술가 자신의 의지다. 그 의지는 예술가의 활동성에서 찾아야 한다. 그러므로 예술가는 삶의 새로운 가능성을 창안해 내는 사람이다. 고통과 모순을 피하지 않고 맞서는 데 예술의 의미가 있다고 보는 것이다.

사람들은 고통스럽고 모순으로 점철된 삶과 불완전한 세계 속에서 그것을 이겨내려는 방도로 격정과 욕망을 통제하고 보완함으로 어떤 완전성을 꿈꾼다. 이런 미적 흐름을 아폴론적 세계라 한다(아폴론은 로마 신화에서 아폴로로 불리는데 햇빛과 낮을 상징하고 개별성, 합리성 등 질서를 중시하는 그리스의 신 이름이다). 한편, 그런 고통스러운 삶을 피하지 않고 마치 술에 취한 디오니소스처럼 형태와 경계 없이 솟구치는 욕망을 그대로 긍정하는 미적 흐름이 있는데, 이것을 디오니소스적 세계라 한다. (디오니소스는 로마 신화에서는 바커스로 불리고 포도주와 풍요, 광기, 황홀경을 상징하는 그리스의 신 이름이다). 니체는 '자신 이전'의 미적 세계를 아폴론적 세계로 그리고 '자신 이후'의 미적 세계를 디오니소스적 세계로 구분한다. 니체의 구분에 따르면 '우아한 예술'은 아폴론적 예술이고 '광기의 예술'은 디오니소스 예술이 된다.

예술사로 보면 예술은 시대 상황의 변화에 따라 전위 예술인 아방가르드avant-garde에서 주류 예술로, 주류가 패퇴한 후 다시 새로운 주류가 등장하는 패턴을 보여주고 있다. 신고전주의에 대한 낭만주의의 도전, 낭만주의에 대한 사실주의의 도전 그리고 반사실주의 운동과 포스트모던 계열의 아방가르드로 이어진 점이 이를 잘 대변한다. 이들이 처음 등장하던 당시에는 소위 '미친 예술'이라는 평가를 받았다. '미쳤다'라는 표현은 언어가 닿지 않은 일반 상식을 뛰어넘는 작품에 대한 표현이다. 이것은 예술이 상식적인 사람보다는 정상을 벗어난 광인에 의해 창조된다는 점을 암시한다. 하여 '미친'보다 '광기'라는 어휘가 더 적절할 듯하다. 광기의 예술은 일종의 아방가르 예술이며, 우아한 예술은 주류를 형성한 예술이다. 그렇지만 현재 이들은 모두 현대 예술의 총아로 그 지위를 누리고 있다.

연극의 경우, 니체의 영향은 낭만주의에 이르러 이론적으로 '추한 아름다움'의 출현을 가능하게 했다. 이후 사실주의에 이르면 추한 아름다움은 실제로 무대 위에 나타난다. 예술의 고상함과 상류계층의 독점을 비판하며 예술 허무주의를 주장한 다다와 표현주의 그리고 유럽의 68혁명 이후에 나타난 팝아트, 히피, 락앤롤, 반전 데모 해프닝, 리빙 씨어터와 퍼포먼스 그룹의 연극 등은 당시에 모두 아방가르드로써 광인들에 의한 미친 행위로 치부되었다. 결국 '광기의 예술'과 '우아한 예술'은 각각 전위 예술(아방가르드)과 주류 예술을 지칭하는 임시적 용어라고 할 수 있겠다.

개치네쒜

인물화 **감상**

대체로 사람들은 사진을 찍을 때 자신이 잘 드러나는 장면을 화면에 담고 싶어 한다. 오늘날 카메라는 사람의 모습을 아주 세밀하게 찍을 수 있다. 휴대폰 카메라조차 화소가 1억 8천만에 달하고 100배 줌으로 수십Km나 떨어져 있는 물체까지도 확인할 수 있다. 인물을 사진으로 찍을 수 있는데, 화가는 여전히 초상화를 그린다. 그 이유가 뭘까? 의뢰인의 권위나 허영심 때문일까? 아니면 고전적 낭만 때문일까? 그런 이유가 아닐 것이다. 인물화를 그리는 화가는 자신의 철학과 주관에 따라 대상 인물을 부각하려고 한다. 어떻게 표현하느냐에 따라 그 사람의 인물됨이 다양하게 나타나기 때문이다. 화가가 자기 작품에 표현하는 작가 정신, 그것이 바로 그가 인물화를 그리는 이유일 것이다.

카메라가 없던 시대를 살던 옛날 사람들은 인물화로 자신을 드러 냈다. 인물화는 자신의 모습이나 사랑하고 존경하는 대상 인물의 모습을 영원히 남기고 싶은 마음에서 시작된다. 인물의 이미지를 남기려는 것이다. 특정한 사람의 모습을 그리면 초상화고, 자기 자신을 그리면 자화상이다. 중세만 해도 개인은 자신의 욕망보다는 신의 말씀에 따라 살기를 요구받았다. 그러나 이후 시대정신이 바뀌어 인간이 자신의 욕망을 마음껏 표현할 수 있게 되었다. 르네상스 시대부터 옛 그리스나 로마처럼 균형 잡힌 아름다운 인체를 탐구하는 분위기가 다시 형성되었다.

사람들은 초상화를 원했다. 특히 부유한 사람들이나 힘 있는 사람들은 화가에게 자신의 모습을 그려 달라고 요구했다. 이런 요구에 따라 화가는 대상 인물과 가장 닮은 모습을 정밀하게 그렸다. 자연히 사실적인 개인의 초상화가 많이 제작되었다. 초상화는 때로 대상 인물의 미화 수단이 되기도 했다. 자신의 모습을 미화하려는 정치 지도자의 초상화는 거대하게 제작되었고, 부유했던 상인의 초상화는 화려하게 만들어졌다. 이런저런 모습으로 미화된 작품들이 쏟아져 나왔다. 이런 측면에서 보면 화가는 일종의 그림 기능공 역할을 한 셈이다.

그러나 초상화는 '피사체를 보이는 대로 그린다'라는 차원을 넘어

개치 네웨

서게 된다. 화가의 소신과 자의식에 따라 왜 그림을 그리는지 점점 변화하기 시작했다. 사실적 인물 묘사보다 창조적인 예술에 점차 무게가 실렸다. 화가는 기능공 역할에서 벗어나 예술가로 평가받기 원했다. 그들은 대상의 내면과 정신을 해석해 화폭에 담아내었다. 후에 알브레히트 뒤러에게서 보듯이, 기능보다 이론적 바탕이 있는 창조성을 강조하는 방향으로 점점 바뀌었다.

초상화의 이런 변화가 항상 긍정적인 것만은 아니었다. 화가가 자신의 소신에 따라 초상화를 그리게 되자 의뢰인과의 거리감을 피할 수가 없는 경우도 생긴다. 가령 윈스턴 처칠의 초상화를 그렸던 그레이엄 서덜랜드라는 화가는 처칠을 노쇠하고 음울한 인물로 묘사했다. 해가 지는 대영제국의 끝자락에 있는 인물로 그린 것이다. 처칠은 이 초상화를 싫어했다. 독일의 히틀러에 대항해 영국을 구한 카리스마 넘치는 지도자로 각인되길 원했다. 불행하게도 이 초상화는 한 번 공개된 후 얼마 되지 않아 잿더미가 됐다. 초상화를 볼 때마다 언짢아하는 남편을 배려한 아내의 지시로 불태워졌단다. 화가의 눈으로 대상 인물의 아킬레스건을 건드린 것이 죄라면 죄였다.

한편 화가들은 다른 사람의 초상화만 그리지 않고 자신의 모습도 캔버스에 담기 시작했다. 이른바 자화상으로 알려진 인물화다. 자화상에는 화가 자신의 자기 됨이 나타난다. 자신의 철학과 주관이 담기는 것이다. 스스로 나타내고 싶은 심정을 자화상이라는 그림으로 표현하는 것이다. 자신의 이미지를 그렇게 보여준다. 렘브란트가 그랬다. 그는 마음 깊숙이 있는 자신의 내면을 그때그때 자화상으로 많이 그렸던 대표적인 화가다. 이후 화단에는 자신의 자화상을 남기는 흐름이 대세가 되었다.

때때로 나는 생활하면서 어떤 벽에 부딪혔다고 느낄 때 인물화나 초상화를 보곤 한다. 특히 자화상을 자세히 들여다보면 나보다 먼저 무언가를 견뎠던 얼굴이 보여주는 그 내밀한 감정을 어느 정도 내 마음에 이입할 수 있다. 초상화든 자화상이든 화가의 작품에 담긴 예술혼이 살아 숨 쉬며 내게 이야기를 건네는 것이다. 어떤 작품에서는 번민과 괴로움에 몸부림치는 초췌한 모습의 얼굴을 볼 수 있다. 또 어떤 그림은 억울한 일을 감내해야만 했던 한 인물의 인물상이 적나라하게 나타내기도 한다. 그러나 때로는 어떤 초상화에서 즐거움과 행복이 가득한 윤기 있고 밝은 모습의 얼굴을 보면서 스스로 평안을 찾기도 한다. 이렇게 인물화는 나와 함께 고뇌하고 번민하나, 또 어떤 인물화는 내가 다시 일어설 용기와 희망을 속삭여준다. 그래서 나는 인물화를 감상하곤 한다.

개치네쒜

<모나리자>를 마주한 느낌

모나리자Mona Lisa는 영어식 표현이고, 이탈리아어로는 라 조콘다La Gioconda라고 한다. 리자 부인(또는 조콘다 부인)이라는 뜻이다. 레오나르도 다 빈치가 피렌체의 부유한 상인이었던 프란치스코 델 조콘도의 부탁을 받아 그의 아내를 그린 초상화가 <모나리자>다. 1503년부터 그리기 시작했으나 중간에 베키오궁 장식을 맡게 되어 초상화의 완성이 미뤄졌다. 3년 후에 다시 그리기 시작하였다는데 주문자에게 초상화가 전달되지 않았다. 레오나르도는 이 초상화를 1506년경에 완성했고 늘 가지고 다녔다고 한다. 다른 그림은 다 제쳐두고 왜 이것만 가지고 다녔는지는 잘 모르겠다. 어쨌든 이 초상화가 유명해지고 인기가 있는 것은 그가 항상 소유하고 있었기 때문일지도 모른다.

대중에게 인기있는 〈모나리자〉를 보려고 수많은 사람이 파리의 루브르 박물관으로 몰려간다. 나도 오래전에 루브르 박물관을 방문해 관람객이 많지 않을 때 〈모나리자〉를 가까이에서 본 적이 있다. '에게, 요렇게 작아' 하면서 보고 또 보았다. 크기가 생각보다 매우 작다는 인상을 받았다. 아마 주위의 웅대하고 화려한 초상화들이 즐비해서 일 것이다. 나중에 살펴보니 크기가 53x77cm로 A4 원고지 6~7장 정도의 크기다. 원래 모나리자 원본은 레오나르도의 화실 벽에 창문처럼 고정돼 있었다는데, 운반하기 위해 초상화 양옆을 잘라내서 이처럼 작아졌다고 한다. 차라리 화실 벽을 헐 일이지(야만인들 같으니라고…).

실제 〈모나리자〉를 처음 보았을 때 그저 밋밋한 초상화를 보는 것 같아서 별 느낌이 없었다. 그런데 이 초상화를 여러 번 보다 보니 감상하는 눈이 좀 뜨인 것 같다. 〈모나리자〉는 차갑고 지적인 이미지를 주는 초상화다. 그녀의 입을 보면 분명히 웃고 있는데 눈만 보면 도무지 무슨 표정인지 알 수가 없다. 눈이 초상화의 생명이라는데 리자 여사의 두 눈은 관람자를 똑바로 본다. 그녀의 눈이 우리를 따라다니며 응시한다. 〈모나리자〉의 왼쪽 눈이 중심축에 있는 것을 보면 모델인 리자 부인이 오른쪽으로 몸을 틀어 앉았음이 분명하다. 20세기의 영국 신경심리학자인 리콜스Michael E. R. Nicholls의 실험 결과에

개치네쒜

따르면 모나리자에는 우뇌가 작용한 감정적인 요소가 어려있다고 한다. 많은 남성 초상화가 오른쪽 눈이 중심축에 있는 것과 대비 된다. 그것은 남성의 좌뇌가 무의식적으로 이성적인 요소가 작용해서 그럴 것이다.

〈모나리자〉의 팔은 의자 걸이에 가로로 얹혀있고, 손은 아래쪽을 향한다. 그림 아래는 모호하게 처리된 공간이 있을 뿐이다. 그림과 관람자 사이에 거리감을 주는 아무런 장애물도 없다. 그래서 그런지 모나리자가 바로 눈앞에 있듯 가깝게 느껴진다. 모나라자를 관람자의 공간 속으로 끌어다 놓은 시대를 앞선 레오나르도의 천재성이 빛날 뿐이다. 그와 대담할 수 있다면 묻고 싶다. "당신은 우리에게 무엇을 말하려는 것이오?"라고.

한편 〈모나리자〉를 잘 살펴보면 배경이 모호하게 그려져 있다. 이것은 아마도 레오나르도가 스푸마토 Sufumato 기법으로 초상화의 인물을 더 신비롭게 드러나도록 했기 때문일 것이다. 이 기법은 윤곽을 안개가 낀 것처럼 뿌옇고 모호하게 그려 배경과 그림이 신비롭게 어울리도록 표현하는 방법이다. 초상화의 배경 오른쪽에 호수같이 평평한 곳이 있는데 왼쪽 배경보다 조금 올라가 있다. 높이로 봐서 배경을 이루는 왼쪽과 오른쪽 두 부분이 하나로 이어지진 않았다. 단절이 있다. 그 단절 사이에 모나리자가 알 듯 모를 듯한 미소를 띠며 자리하고 있다. 묘한 미소를 머금은 모나리자의 오른쪽 입술(높은 쪽 배경이 있는 오른쪽) 역시 오른쪽 배경처럼 약간 위로 올라가 있다.

서로 단절된 양쪽 배경 사이에 모나리자가 수수께끼처럼 앉아있는 모습은 무슨 의미를 말하는 것일까? 자연과 자연을 이어주려는 것일까? 자연과 사람을 연결하는 것일까? 자연의 부조화를 모나리자의 미소로 어떤 해답을 주려는 암시일까? 미소의 의미는 무엇일까? 레오나르도가 모나리자를 통해서 우주적 사색과 통찰을 보여주는 것일까? 신비로운 〈모나리자〉를 대하면서 그 신비를 밝히기보다 그대로 두어 사람들이 마음껏 상상할 수 있도록 해 주는 것이 좋겠다고 생각한다. 나는 오늘도 화첩에 있는 〈모나리자〉를 보면서 많은 상념에 젖어 든다.

개치 네쒜

울림이 있는 노랫말

도니제티(1797-1848)의 아리아 〈사랑의 묘약〉에 나오는 "남몰래 흐르는 눈물^{Una frutiva lagrima}"은 젊었을 때부터 아주 좋아하던 이탈리아 가곡이다. 사랑하는 여인을 그리며 테너가 부르는 아리아다. 노랫말도 훌륭하고 곡도 아름답다. 세계적인 성악가 루치아노 파바로티가 불렀고 호세 카레라스, 플라시도 도밍고도 불렀다. 성악가마다 각기 특징이 있지만 나는 쥬세페 디 스테파노가 부른 옛 LP판 음색을 제일 좋아한다. 마리오 란자의 음색보다도 좋다. 그냥 좋다. 그래서 지금도 가끔 흥얼거린다. 다만 아쉽게도 지금은 스테파노가 부른 LP판은 없고 파바로티가 부른 CD 음반만 가지고 있다. 그건 좀 유감이다.

'Aria 1'이라는 제목의 CD 음반에는 'Secret Tear'라는 현대감각이 물씬 풍기는 곡이 수록되어 있다. 우연히 이 곡을 접하고 좋아하게 되었는데 도니제티의 아리아를 요즘 시대에 맞게 편곡한 것이다. '남몰래 흘리는 눈물'과 가사는 같고 곡만 다르다. 그런데 희한하게도 테너가 불렀던 이 아리아를 대중적인 여가수가 부른다. 음악을 직접 들려줄 수 없는 것이 유감이지만, 어쨌든 Secret Tear는 현대 젊은이들이 절대로 지루해할 수 없는 곡으로 탄생했다. 많은 이의 귀를 즐겁게 한다. 얼마 동안 나는 이 곡에 매료되어 MP3에 담아 귀에 달고 다녔다.

그런데 얼마 지나지 않아 이 아리아가 또 변화를 맞는다. 어깨를 들썩이게 하는 비트가 들어간 것이다. 비트를 기반으로 춤추기에 알맞도록 편곡되었다. 또 중간중간에 "남몰래 흐르는 눈물"의 가사가 레게 형식으로 삽입되었다. 스위트박스Sweetbox라는 예명을 가진 미국의 20대 여가수가 부른다. 이 곡 역시 들으면 들을수록 좋아진다. 언젠가 나는 KBS 명사 초청 문화탐방 프로그램에 초대받았다. 거기서 이 곡을 방청인들에게 소개하면서 함께 춤을 추기도 했다. 누가들어도 재미있고 흥겨운 곡이다.

노래는 모름지기 오래 불려야 한다. 수명이 짧은 노래는 쉽게 잊힌다. 그러나 노래가 편곡되거나 스타일이 바뀌어도 같은 내용을 담고 있다면 그건 영속성 있는 노래로 간주 된다. 적어도 내게는 말이

개치네쒜

다. 19세기 말에 도니제티가 가곡에 붙인 노랫말 가사가 20세기 중엽에 미국으로 이주한 동유럽 이민자를 통해 재탄생했고, 더 나아가 20세기 후반에 스위트박스가 같은 노랫말을 다시 반복해 씀으로써 이 가사는 영속성을 가지게 되었다. 발전하는 문화 현상은 이래야 한다는 것을 보여준다. "남몰래 흐르는 눈물"은 그런 점에서 문화 현상의 한 좋은 예가 될 것이다. 이처럼 품격 있는 우수한 시에 창작곡을 붙이면 얼마나 좋겠는가? 좋은 노랫말에 시대정신도 반영할 수 있고 감흥도 자아낼 수 있을 테니까 말이다. 양희은이 부른 아침이슬의 가사를 보자. "긴 밤 지새우고 ~~ 나 이제 가노라. 저 거친 광야에 ~~." 시대정신을 잘 나타내고 우리의 심금을 울리는 좋은 가사다. 오늘날 다시 유행하는 트롯트의 부활이나 팬텀 싱어도 이렇게 될 수 있을까? 기대해 본다.

　우리나라의 성악가 지망생이라면 연습을 위해 꼭 부른다는 〈향수〉가 있다. 정지용 시인의 가사와 김희갑 선생의 곡이 정말 절묘하게 어울려 우리 한국 혼의 감성을 잘 우려내고 있는 가곡이다. 정지용의 아름다운 시어는 마치 해맑은 물이 우리 영혼에 흐르는 듯하다. 우리 정서를 참으로 아름답게 표현하는 시다. "넓은 벌 동쪽 끝으로 옛이야기 지줄 대는 실개천이 휘돌아 나가고 얼룩배기 황소가 해설피 금빛 게으른 울음을 우는 곳 그곳이 차마 꿈엔들 잊힐리야..." 이 시가 노랫말이 되어 태어난 것이 〈향수〉라는 가곡이다. 노래라면 이쯤은 되어야지 하고 생각해본다. 나는 우아하고 품격 있는 이 가곡을 좋아한다. 향수가 편곡되거나 스타일이 바뀌어도 같은 가사를 오랫동안 담을 수 있다면 그 또한 좋을 것이다. 노랫말이 영속성을 가질 수 있을 테니까 말이다.

　시로 된 노래 가사가 이리도 좋은 것이다. 좋은 시로는 성경에 나오는 구약성경의 시편이 있다. 그중 시편 119편은 모든 시 중 최고의 시로 알려져 있다. 원문이 히브리어로 기록된 176절로 된 긴 시다. 이렇게 길게 된 것은 22편의 시가 한데 합쳐졌기 때문이다. 이 22편의 시는 각각 8절로 이루어져 있다. 히브리어 알파벳은 '알렙', '베스', '김멜' 순으로 22 자음으로 되어있다. 그런데 놀라운 것은 22

　개치 네쒜

편의 시가 각각 이 알파벳 자음 순으로 시작되고 있다는 점이다. 예를 들면 22편의 시 가운데 첫 번째 시는 모든 절이 히브리어 알파벳 '알렙'으로 시작되고, 두 번째 시의 모든 절은 알파벳 '베스'로 시작된다. 내용은 하나님을 찬미하는 아름다운 시다. 아주 음률적인 시[詩]로 문학적인 가치가 뛰어나다. 그러므로 시편 119편은 고도의 문학성을 가진 것으로 시편 전체의 백미라 할 수 있다.

그런데 요즘 창작곡(특히 레게)을 들어보면 노랫말에 심금을 울리는 시나 깊은 성찰이 있는 가사가 그리 많은 것 같지 않다. 시적 음률이나 문학적 감수성보다 별 의미 없는 가사가 범람한다. 좋다고 느껴지지도 않고 그저 그렇다. 하나의 풍조인가? 시편 119편이 주는 감흥이나 정지용의 시에 익숙해 있는 사람에게 내용이 없는 가사가 매력 있을 리 없다. 곡이 문제가 아니라 심금을 울리는 노랫말이 없는 것이 문제다. 물론 듣는 사람이 모두 그렇지는 않겠지만 말이다. 좋은 노랫말을 바탕으로 이루어진 곡은 우리의 감성을 적셔줄 뿐 아니라, 노래의 품격도 높이고 사고의 지평도 넓힐 수 있다. 이런 울림이 있는 좋은 노랫말을 가진 명곡이 많이 나오면 좋겠다.

5 장

배움과 교양 쌓아가기

멘토이신 어버이와 스승에게

오월은 감사의 달이다. 꽃을 활짝 피우는 자연에 감사하고 자녀와 제자들이 잘 자라주는 것을 고마워하는 달이다. 부모님과 스승님께 감사하는 달이기도 하다. 그들은 내 인생에 귀중한 가르침을 주는 멘토Mentor이기 때문이다. 멘토가 무엇인가? 멘토의 뜻을 찾기 위해 잠시 고대 세계로 여행을 떠나보자.

유럽과 맞닿아 있는 터키라는 나라가 있다. 고대의 많은 유적을 가진 나라다. 오래전 이 나라의 서북쪽에 있었던 트로이에서 페르시아와 그리스 사이의 전쟁이 있었다. 이 전쟁 이야기는 자주 문학과 예술의 주제가 되곤 했다. 트로이의 왕자 파리스가 그리스 스파르타의 아름다운 왕비 헬렌을 데리고 도망친다. 단순한 로맨스에 불과했던 이 사건이 커져 전쟁으로 발전된다. 스파르타의 왕 메넬라우스는 빼앗긴 왕비를 되찾기 위해 그리스의 영웅들에게 트로이를 공격하자고 호소한다. 그리스의 영웅들이 모였는데 그들 속에 용사 아킬레스도 있고, 왕이 누구보다도 절실히 원했던 용사 오디세이도 있었다.

오디세이는 헬렌이 왕비가 되기 전에 그녀의 신상에 무슨 일이 생기면 돕겠다고 맹세한 바가 있었다. 그러나 가족과 함께 행복하게 살고 있었던 그는 이 전쟁에 나서기를 꺼린다. 이미 남의 여인이 되어버린 헬렌을 위해 자신의 목숨을 내걸 필요가 없다고 생각했다. 전쟁에 나설 것을 권하기 위해 온 사신 앞에서 미친 척하며 응대하지 않았으나 결국 제정신임을 들킨 후 전쟁에 나가게 된다. 그리고 친구 멘토Mentor에게 자신의 어린 아들 텔레마쿠스를 안전하게 돌봐달라고 맡긴다. 트로이와의 긴 전쟁 동안 오디세이는 목마木馬의 계략도 짜내는 등 대활약을 하여 결국 트로이를 무너뜨리고 스파르타의 승리를 끌어낸다. 이 전쟁이 끝나기까지는 수십 년이 걸렸다.

한편 집에 남겨진 오디세이의 아들은 멘토에게 교육을 받으며 자란다. 멘토는 친구 아들의 안전만을 신경 써 낯선 곳에는 가지 못하도록 경계한다. 그런 모습을 지켜보던 아테네 도시의 신 아테나는 어느 날 멘토의 모습으로 변장을 하고 텔레마쿠스에게 나타나 아버

개치네쒜

지 오디세이를 찾아 나설 것을 명령한다. 텔레마쿠스는 멘토로 변장한 아테나 여신을 진짜로 여기고 먼 곳에서 어려움을 겪고 있는 아버지를 만나기 위해 모험의 길을 떠난다. 그리고 드디어 두 부자가 만나 집으로 돌아온다는 옛이야기다.

멘토라는 단어를 쓸 때 우리가 기억해야 할 것은 아테나 여신이 분한 멘토의 역할이다. 멘토는 오랫동안 안전을 지켜주는 사람이라는 뜻으로 쓰였다. 1699년 프랑스 작가 프랑소와 페넬롱이 자신의 작품에서 멘토라는 말을 '신뢰할 만한 상담자'의 의미로 처음 사용한다. 이때부터 멘토의 의미가 확대된다. 안전을 지켜주는 사람이라는

뜻으로부터 도전과 모험을 두려워하지 말고 세상을 향해 나가라고 도와주는 사람을 지칭하게 되었다. 아들 텔레마쿠스가 아버지를 찾아 나서듯 멘토는 개인 스스로 목적을 찾아 나서게 만드는 사람이다.

가정에는 멘토의 역할을 하는 부모가 있어야 하고, 교육의 현장에는 멘토로서 스승이 있어야 한다. 그들은 지식의 전수자가 아니라 인생의 참 의미와 목적을 찾게 해주는 인도자다. 자녀와 제자를 울타리 안에 가두려 하지 말고 대양을 향해 넓은 세계로 나가도록 해야 한다. 벤처 정신으로 도전하도록 무장시켜야 한다. 부모와 스승의 역할이 그런 것이다.

오월은 어버이날과 스승의 날이 있다. 부모님과 선생님들이여, 오월의 이 날을 단지 예우받는 기념일로만 여기지 말고 진정한 멘토로서 역할을 다하시기를 호소한다. 길을 잃기 쉬운 시대를 사는 자녀와 제자들의 멘토가 되자. 가시적인 성공이나 물질적 풍요를 위해서가 아니라 숭고한 목표에 인생을 걸도록 지도해야 할 때다. 여러분이 좋은 멘토가 되어 저들을 지도하기 바란다.

개치네쒜

도끼질도 맛 들어야

　　　　　　도끼를 한 번도 써본 적 없는 초보자가 도끼를 들고 통나무를 보란 듯 내리찍는다. 있는 힘 다해 내리치지만 어~렵쇼, 도끼날이 빗맞는다. 하마터면 다칠 뻔했다. 잘 겨냥해서 다시 한번 힘 있게 내리친다. 그런데 이제는 도끼날이 나무에 박혀 꼼짝도 하지 않는다. 이리저리 끙끙대다 겨우 박힌 도끼날을 빼낸다. 세 번째도 같다. '이래서야 어디 장작 패겠나' 하고 속으로는 푸념하지만 어쩔 수 없다. 날씨가 추우니 나무를 잘라 난로에 쓸 장작을 패야 한다. 도끼질을 계속할 수밖에 없는 이유다. 난로에 불을 지펴야 하니까.

　　몇 년을 이렇게 하다 보니 이제는 장작 패는 요령이 생긴다. 도끼를 내리치는 족족 나무가 쩍쩍 갈라지니 제법 도끼질을 할 수 있게 되었다. 장작이 수북하게 쌓인다. 겨우 초보 딱지를 뗀다. 다시 몇 년이 지나자 이제는 장작 패기 도사가 된다. 적절히 힘의 균형을 맞춰 장작 패니 그 재미가 쏠쏠하다. 아니 예술의 경지에 이르렀다고 해야 할까. 도끼를 들기만 해도 나무가 쩍쩍 갈라지니 말이다. 못 믿겠으면 한번 해 보시라. 도끼질도 맛들어야 한다는 뜻이 바로 이거다.

골프도 마찬가지다. 잔디 깔린 아름다운 넓은 야외에 나가 공치는 재미는 쳐보지 않은 사람은 그 묘미를 잘 모를 것이다. 그러나 골프는 연습이 필요한 운동이다. 특히 초보자는 기본적인 자세를 잡기 위해 안간힘을 써야 한다. 연습장에서 매번 똑같은 동작을 반복하는 초보자는 괴롭다. 옆에서 보기에도 가련하다. 그것도 몇 시간, 며칠 만 그런 것이 아니다. 몇 달, 아니 몇 년을 반복해야 하니 죽을 맛이다. 누가 시킨 것도 아닌데 스스로 연습한다. 손가락이 까지고 허리가 아픈데, 보는 대로 나가야 할 공이 치는 대로 나간다. 그러니 재미가 있을 리 없다. 그러나 필드에만 나가면 그런 마음 싹 가신다. 더 잘 쳐보려고 다시 연습장에 가 연습에 몰두하게 된다. 장작 패기가 의무적으로 해야 하는 필요조건이라면, 골프 연습은 자신의 취미 생활을 위해 하는 충분조건인데도 그렇다. 물론 프로선수는 별도지만 말이다.

어쨌든 각고의 연습으로 공이 어느 정도 맞아 드라이버 거리도 제

개치네쒜

법 나오고 성적도 '보기 플레이어' 정도가 되면 누구와 어울려 운동해도 별 불편이 없다. 이쯤 되면 이제 공 치지 않고는 몸이 근질근질해진다. 마약처럼 떼려야 뗄 수 없을 정도로 만사를 제칠 정도다. 사람마다 다르겠지만 골프 중독증은 대략 10여 년 정도 가는 것 같다. 그 이후에는 중독증 증후군으로부터 해방된다. 드라이버나 아이언의 거리가 일정해지고 방향도 잡힌다. 페어웨이 안착률이나 그린 적중률이 향상한다. 숏 게임도 할 만해지고 퍼팅감각 등 정교한 테크닉이 자리 잡는다. 이렇게 골퍼로서 경력이 붙어 골프를 즐기는 단계로 진입한다. 그렇다고 보기 플레이어 수준을 탈피하는 것은 아니지만 말이다.

내가 이렇게 서두를 길게 꺼낸 것은 하고 싶은 말이 있어서다. 즐기고자 하는 일이 있다면 그것을 즐기기 전에 충분한 연구와 반복 훈련을 해야 한다는 점이다. 숙련도를 높여서 하려는 일에 도사가 되어야 한다. 장작 패는 일도 반복을 통해 테크닉을 익혀야 도끼가 손에 잡힌다. 그 과정에는 도끼가 나무에 박히기도 하고 옆으로 삐끗하기도 한다. 골프도 마찬가지다. 수많은 연습과 훈련을 해야만 필드에서 기쁨을 만끽할 수 있다. 공이 잘못 맞아 쌩크가 나기도 하고 슬라이스가 나기도 하며 OB도 난다. 그래도 그런 실수 과정을 하나하나 살펴 가며 충실히 연습하고 훈련해야 열매를 맺을 수 있다. 이처럼 도끼질도, 골프도 즐기려면 반복 연습이 꼭 필요하다. 대충하면 훈련 부족으로 생기는 문제 때문에 제대로 즐길 수 없다. 철저한 훈련과 숙달된 테크닉이 전제돼야 즐길 수 있다. 우리 주변의 만사가 그렇다. 스포츠만이 아니다. 공부도 그렇고 사업도 그렇다. 대충하면 안 된다. 제대로 즐기고 성공하려면 전문가 수준의 훈련과 연습이라는 노력이 꼭 필요하다.

개치네쒜

인간의 행동 양식

           장소는 지하철. 정류장에서 사람들이 우르르 내린 후에 또 한 무리의 사람들이 탄다. 대학생인 듯한 한 백인 청년이 앉은 자리 앞에 할아버지와 하이힐을 신은 젊은 여성이 다가선다. 백인 청년은 자리에서 일어나 할아버지 앞을 가로막고 여성에게 자리를 양보한다. 여성은 계면쩍은 미소로 감사를 표하며 자리에 앉는다. 순간 할아버지 표정에 떫은 감 씹은 표정이 흘낏 나타난다. 백인 청년에게는 당연한 일이겠으나, 그가 한국인 청년이었다면 백인 청년처럼 여성에게 자리를 양보했을까? 지하철에서 젊은이가 앉아있을 때 노인이 앞에 있으면 자리를 양보하는 것이 우리에게는 무언의 미덕이다.

    물론 요즘에는 자리를 양보하지 않는 젊은이도 많다. 자리를 양

보하지 않으려고 휴대폰에 고개를 떨구고 있는 건지, 아니면 실제로 휴대폰에 흠뻑 빠져 머리 처박고 요지경을 헤매기 때문에 누가 앞에 있는지 모르는 건지 독자들의 상상에 맡긴다. 살다 보면 세상에는 선택이 쉽지 않은 경우가 많다. '노인과 젊은 여인 중 누구에게 자리를 양보해야 하나' 하는 경우가 좋은 예다. 삶의 현실에서 묻는 사소한 물음이지만, 이런 물음이 정해진 어떤 원칙의 문제인지 관습에 따른 윤리적 문제인지 한번 살펴보자.

규범적인 대답부터 보자. 위의 경우, 서양의 관습에서는 대체로 남성이 여성에게 자리를 양보한다. 그러나 동양의 관습으로는 젊은이가 노인에게 자리를 양보한다. 양보하는 이유가 남성과 여성이라는 관점에서냐? 아니면 젊음과 늙음이라는 관점에서냐. 서로 다른 이유로 행동한다. 이런 문제는 '이것이냐 저것이냐'라거나 '이것이 옳으냐 그르냐'의 문제로 해결될 문제가 아니다. 물음을 바꾸어야 한다. 타인과의 관계에서 바람직한 행동 양식이 있는가를 물어야 한다.

예일대학의 리쳐드 니이버Richard Niebuhr 교수의 답변을 들어보자. 그는 *The Responsible Self*라는 저서를 통해 인간은 어떤 근거에서 행동해야 하는가? 옳은 삶의 양식은 무엇인가? 하는 물음에 인간의 행동 양식을 셋으로 나눈다.

첫 번째 부류의 사람은 행동의 표준을 자기가 세워놓은 목적目的에 두는 사람이다. 한번 목적이 세워지면 그 목적을 위해 철저하게 행동하는 사람을 말한다. 그래서 그는 '그 행동이 다른 사람이나 사회에 어떤 영향을 줄 것인가'는 생각하지 않는다. 다만 그에게 있어서 중요한 것은 '무엇이 나의 목적이고 이상이냐'라는 것이다. 우리는 이런 사람을 집념이 강한 사람이라고 하면서 마치 성공의 표준처럼 우러러보기도 한다.

두 번째 부류의 사람은 행동의 표준을 법法과 원리原理에 두는 사람이다. 모든 행동은 한번 세워진 법과 원리에 따라서 이루어져야 한다. 이런 사람은 지금 당장 죽어가고 있는 사람이 눈앞에 있더라도 그것이 법과 원리에 맞지 않으면 행동할 수가 없다. 성경에 나오는 여리고로 가는 길에 강도 맞은 사람을 만났던 제사장과 레위 사람의 행동강령이라고 볼 수 있다.

니이버는 세 번째 부류의 사람을 '책임責任에서 행동하는 사람'이라고 이름 붙였다. 책임이라는 말은 너와 내가 밀접한 관계를 맺고 있다는 뜻이다. 나의 행동이 너에게 직접, 간접으로 영향을 끼친다는 것이다. 그래서 책임에서 행동하는 사람은 "성취할 목적이 무엇이냐", "내가 지켜야 할 법이 무엇이냐"라는 물음보다 "우리는 함께 무엇을 하여야 하는가"라는 물음에서 움직인다. '우리'라는 말은 공동체를 전제하고 있는데, 내가 귀중한 만큼 너도 귀중하다는 관계가 성립되었을 때 쓰는 말이다.

이렇게 사람이 살면서 행동하는 방법은 여러 가지가 있다. 어떻게 행동하며 사느냐 하는 문제는 한 사람의 운명을 결정하는 사소한 일상부터 큰 비전을 선택하기까지, 다양한 사안들 속에서 나타난다. 그리고 어떤 선택으로 행동하는가에 따라 그 사람의 문화적 배경과 인간적인 품격을 볼 수 있다. 오늘날 우리에게 바람직한 방향이 있다면, 니이버가 언급하는 세 번째의 행동 양식이 아닐까 한다. 우리에게 배어있는 관습과 문화 속에서 우리가 서로 동의하는 방법을 찾아가는 길 말이다. 그것은 공동체의 책임에서 나오는 우리의 행동 양식이 되기 때문이다.

개치 네 쉐

노블리스 오블리쥬 이후의 리더십

　　'사회적 동물'이라고 불리는 인류는 자신의 생존과 번영을 위해 공동체를 구성했다. 그리고 공동체의 발전을 위해 최선의 노력을 기울여 왔다. 이런 모습은 인류만 아니라 공동체를 구성하여 살아가는 모든 생명체가 지향하는 생의 목표다. 그리고 공동체라면 리더가 있고 리더를 따르는 무리가 있기 마련이다. 가을 하늘을 나는 철새 떼를 보면 맨 앞에서 나는 한 마리의 리더를 중심으로 철새들은 정연한 형태로 날아간다. 사람들은 우리 사회의 필요한 역할을 설명하기 위해 새 떼의 리더를 원용하곤 한다. 이 철새 떼의 형태에서 우리는 사회의 계층을 구성하는 조직의 전범을 볼 수 있기 때문이다.

　　문학 비평가인 아우어바흐Erich Auerbach는 그의 저서 『미메시스』

(*Mimesis*)에서 시대 정신은 그 내용을 담는 분명한 형태가 필요하다고 했다. 모든 사회 계층에는 필연적으로 상층과 하층으로 구분되는 계층이 존재하며 그 계층에는 각각 고유한 역할이 있다는 것이다. 그는 이런 사회에서 '노블리스 오블리쥬^{Noblesse Oblige}'의 역할을 중요하게 인정한다. 프랑스 어원을 가진 노블리스 오블리쥬는 '고귀한 계층에 있는 사람은 그에 걸맞은 사회적 의무를 져야 한다'는 뜻이다. 그래서 서구의 역사발전은 부, 명예, 권력을 가진 사람이 사회를 이끌어야 한다는 기조에서 이루어졌다. 산업사회 시대까지 그것은 바람직한 리더십의 한 전형으로 여겨졌다. 사회 발전을 주로 이 리더십에 의존해 설명해 왔다. 다만 이 리더십은 사회계층의 분리를 전제하고 있다.

이런 분리의 가치관은 한 계층의 적극성을 두둔하는 대신 다른 계층의 수동성을 암시한다. 조직의 리더는 그 집단을 대표해 적극적으로 행동하고 책임을 짐으로 자신의 역할을 다해야 한다. 나머지는 그를 잘 추종하는 것이 집단의 효율성을 위한 최선의 길이라는 암묵적 합의를 받아들이는 것이다. 계층사회를 전제할 때 이러한 리더십이 사회적 효율을 위해 맞는 말일지도 모르지만, 제4차 산업혁명을 경험하고 있는 현대에서는 이런 리더십은 보완되거나 수정되어야 할 것 같다.

개치네쒜

지난 역사에서 쉽게 그 예를 찾아볼 수 있듯, '선한 독재자', '창조적 소수' 등으로 표현되는 리더와 리더십에 대한 강조는 이미 지나갔다. 중앙의 핵을 중심으로 한 유기적인 조직체로의 현대사회는 이미 그 한계가 보인다. 그래서 새로운 대안이 필요한데, 감자 뿌리와 같은 라이좀^{rhizome}으로 살아간다는 프랑스의 철학자 들뢰즈^{Gilles Deleuze}의 말을 경청할 필요가 있다. 지금 우리가 사는 시대는 각각의 라이좀이 생명의 주체가 되는 개체 중심의 시대로 이미 바뀌었기 때문이다. 따라서 이 시대는 전 시대의 리더십과는 다른 리더십이 필요하다.

앞서 말한 철새무리 중 선두에서 나는 새는 처음부터 목적지까지 선두에 서는 것이 아니다. 선두에서 날던 새가 힘이 빠지면 뒤로 물러나고, 다른 새가 그 자리를 채우고 다음에 또 다른 힘 있는 새가 선두자리에 나선다. 이런 모습은 현대사회의 리더십을 논의할 때 시사하는 점이 있다. 선두에 선 철새는 자기의 삶뿐 아니라 무리의 공존과 번영을 추구하는 적극적인 주체성을 암시해 준다. 철새들에게 중요한 것은 누가 그 무리가 이끌어 나가느냐가 아니다. 새로운 삶의 터전으로 가기 위한 기나긴 여정을 완수하는 것이 중요하다. 공동체의 번영과 발전을 지속하려는 인간도 이들 철새와 다르지 않다.

지금 우리는 이미 변화된 사회에서 모두가 리더인 시대를 살아가고 있다. 자신의 삶은 자기 스스로 이끌어 가야 한다는 셀프 리더십의 시대다. 내 의무감, 책임감이 중요하다. 그러나 또한 모두 함께할 수 있는 공동의 목표를 추구하는 리더십도 필요하다. 전체를 이끌어 가는 헌신의 리더십이란 뜻이다. 니이버H. R. Niebuhr가 얘기한 대로, 내가 수행해야 할 의무와 책임이 무엇이냐보다 우리는 함께 무엇을 어떻게 할 것이냐가 더 중요하게 여겨지는 시대다. 모두가 리더일 수 있는 시대에는 누구에게나 개방된 이 같은 리더십이 요구된다.

그렇다면 행복 추구를 위해 공동체를 자극하여 움직이도록 하는 리더십은 어떤 것일까? 뿌리에 달린 감자(라이좀)처럼, 한 식물의 구성체면서 동시에 핵심 열매의 역할을 다하는, 그런 리더십이 아닐까? 다른 사람의 의견과 창의성을 수용할 수 있으면서도 자신의 의견을 주장할 수 있는 개방된 리더십, 이것을 '라이좀 리더십'이라 할 수 있겠다. 이 리더십은 '나를 따르라'라는 식의 노블리스 오블리쥬 리더십처럼 일방적인 리더십이 아니다. 계층 간 교류가 가능한 열린 리더십이다. 오늘 우리에게 이런 역동적인 리더십이 가능하다면, 더 말해 무엇하랴. 꿈이 이루어지는 것이지.

개치네쒜

협력하여 선을 이루자

허허벌판이던 충남 아산시 외곽에 아담한 '화합의 마을'이 새로 탄생했다. 소위 말하는 해비타트 사업으로 생긴 마을이다. 지난 2001년 여름 이곳에서 세계 각지에서 모여든 자원봉사자들이 사랑의 집짓기 운동을 대대적으로 전개했다. 그해에는 호서대학교가 중심이 되어 전 세계에서 뜻있는 사람들이 모여 집을 지었다. 평범한 시민과 학생들이 나와 봉사했다. 그중에는 지미 카터 전 미국 대통령을 포함한 정치인들, 종교지도자들도 포함돼 있었다. 여러 집단의 사람들이 손에 못과 망치를 들고 집 없는 사람들을 위한 집을 지었다.

이곳에 지은 집들은 한 동에 네 가구가 한 지붕을 이루고 있는 형태다. '내 집이니까 내 맘대로'라는 마음가짐으로는 살기 힘든 구조로 설계되었다. 출입구도 같이 쓰고, 마당도 같이 쓰게 되어 있다. 불가피하게 구성원들 모두가 서로 도와가며 살아가야 하는 공간이다. 네 가구가 작은 공동체로 서로 협력하고 화합하면서 살라는 뜻이 담겨 있다. 더 나아가 이들은 '화합의 마을'이라는 하나의 큰 공동체를 이루고 있다.

공동체란 나의 이익이 중요한 만큼 남의 이익도 존중하면서 함께 사는 삶을 말한다. 엄격히 보면 공동체는 두 종류가 있는데 이익공동체Gesellschaft와 사랑공동체Gemeinschaft다. 이익공동체는 내가 일한 만큼 보수를 받는, 즉 이익을 전제로 해서 이루어진 공동체를 말한다. 회사와 같은 직장이 그 좋은 예가 되겠다. 그러나 사랑공동체는 이익 추구가 아닌 일종의 운명공동체다. 가족으로 구성된 가정을 보자. 가족은 기쁘나 슬프나 함께한다. 그러니까 가족이다. 내게 이익이 되지 않는다고 해서 내 형제가 아니라고 말할 수 없다. 그런 의미에서 가정은 운명공동체요, 사랑공동체다.

해비타트 집짓기는 노력으로 봉사할 뿐만 아니라, 자재나 금전 등의 형태로 이 운동에 참여했던 사람과 기관이 많다. 집 없는 사람들에게 보금자리를 마련해 주기 위해 이들은 한마음으로 협동하여 직접 봉사하면서 집을 지어준 일에 뿌듯한 보람을 느끼고 있다. 한편 화합의 마을에 입주해 사는 이들 역시 고마워하고 있다. 자기 집이

개치네쒜

생겼으니까. 나도 그때 집 짓는 일에 참여했기에 집 한 채를 짓기 위해 얼마나 많은 사람이 서로 협력했던가를 자세히 기억한다. 협력과 화합의 좋은 모델을 보여주었다고 믿고 있다.

요즘 분출되는 정치적 집단이기주의와 주택 또는 부동산으로 나타나는 사회 갈등을 보면 사랑공동체와 같은 공동체 의식이 과연 존재하는지 의문을 갖곤 한다. 서로 자기 의견만 주장한다.

"국가 기관을 개혁해야 한다." "아니다."

"이 사람 조사해야 한다." "아니다."

"우리가 국회 위원장 자리를 가져야 한다." "아니다, 우리가 가져야 한다."

이익 집단이나 정당 간의 이해관계는 있을 수 있다. 개인과 개인, 단체와 단체 사이에서도 이해가 갈리는데 왜 없겠는가? 그래도 그렇지, 작은 이해관계에 매달려 호미로 막을 일을 가래로 막는 것은 바보짓이다. 시간과 정력 낭비. 주장에도 정도가 있어야 하고 웬만하면 양보할 수 있는 미덕이 있어야 한다.

한편 천정부지로 뛰는 부동산 가격과 전월세의 불안정으로 좌절감을 체험하는 세입자들의 애환은 어떤가? 다 '네 탓'이라고만 하니 당사자들은 황당하기만 하다. 할 말은 많겠지만 '남의 탓'에서 고개

를 돌려 '내 탓이요mia culpa est'라고 할 수는 없을까? 쉽진 않겠지만 대
립하는 세력들이 서로 한발씩 양보하여 타협과 조화를 찾는 것이 갈
등을 빚으며 싸우는 일보다 백번 낫다. 지금은 해비타트 운동처럼
협력하여 선을 이루는 지혜가 절실하게 요구되는 때다.

개치네쒜

대립하는 주장을 수용하는 제3의 길

　　　사람들은 쉬운 내용을 어렵게 표현하는
재주를 가진 사람을 학자라고 한다. 학자는 쉬운 내용을 어렵게 표
현하기도 하지만, 반대로 어려운 것을 쉽게 풀기도 한다. 어렵게 표
현하는 것은 그 내용의 정확도를 높이려는 것이요, 쉽게 설명하는
것은 많은 사람이 알아듣도록 하려는 것이다. 이 두 입장은 결코 '좋
다 나쁘다', '옳다 그르다'(either or)의 문제가 아니다. 정확한 내용을
(전자) 쉽게 설명할 수 있다면(후자) 그것은 참으로 바람직 한 일이다.
그 일이 쉽지는 않겠으나 두 입장을 공유하는 제3의 길(both and)을
찾아보자.

　　연극 작품은 흔히 비극과 희극으로 구별한다. 결말이 슬픔으로 끝
나면 비극이요, 기쁨으로 끝나면 희극이다. 여기서 비극과 희극이라

는 두 입장은 서로 대립한다. 희극만으로 인간의 갈등을 해결할 수 없고 비극만으로 인간의 응어리를 풀어줄 수 없다. 그렇다고 비극이면서 희극이고 희극이면서 비극이라고 말하는 것도 무리다. 적어도 전통적인 'either or'라는 관점으로는 그렇다.

그런데 베케트나 이오네스코와 같은 현대 작가들이 등장한 후로는 달라졌다. 이들의 작품은 희극과 비극으로 딱 잘라 분류할 수 없다. 전통적인 기준으로 판단할 때 비극인지 희극인지 판단이 서지 않는다. 현대연극에서 비극과 희극을 구분하는 기준은 고립 또는 단절이다. 결말이 아니다. 따라서 현대연극에서 극이 진행되면서 주인공의 고립이 심화하면 비극으로, 고립이 극복되어 화해로 끝나면 희극으로 분류한다. 연극이 슬픔이나 기쁨으로 끝나야 한다는 전통적인 판단을 넘어 제3의 길을 보여준다.

먼저 구체적인 사례를 보면서 문제가 무엇인지를 알아보자. 문재

개치네쒜

인 대통령을 김정은의 대변자라 비판하는 측과 그와 같은 발언을 용납할 수 없다고 반박하는 측이 존재한다. 인사청문회에 나온 후보자를 향해 한쪽에서는 장관 자격이 있다고 강변하고, 다른 쪽에서는 국민 감정상 받아들일 수 없는 부적절한 인물이라고 공격한다. 서로 불통과 주장만 있지 소통과 타협은 없다. 이처럼 오늘 우리의 정치 사회 현실은 극단적인 주장이 아니면 설득력이 없는 것처럼 보인다. 이미 'either or'로 경도된 사회다. 이 문제를 제대로 잡으려면 그 해결방안을 'both and' 쪽으로 지향할 수밖에 없다. 정치 분야만 그런 게 아니다. 경제 부문도 마찬가지다.

넘치는 돈을 주체하지 못해, 아니 쓸 줄을 몰라 마약으로 탕진하는 사람이 있는가 하면, 돈이 없어 장기를 떼어내 팔아야만 겨우 입에 풀칠할 수 있는 사람도 있다. 이렇게 우리에게는 '이쪽이냐 저쪽이냐'(either or)로 대변되는 사회현실이 가로 놓여 있다. 영어의 접속어 'either or'는 양극단, 즉 이것이냐 저것이냐를 선택하는 것을 말하고, 'both and'는 양 주장의 다름보다 공통점을 찾아보자는 것임을 누구나 다 잘 알 것이다. 양극화가 심해진 오늘의 현실에서 단절의 고통을 호소하는 목소리가 점차 높아지고 있다. 이런 우리의 삶에서 문제를 극복할 수 있는 제3의 길은 어떻게 가능할까? 쉽게 이해하면서도 정확하게 말하는 방법 같은 것 말이다.

일반화된 종교 용어로 '삼위일체'라는 단어가 있다. 이 단어는 한 하나님이면서 동시에 세 하나님을 말하는 신학적인 표현이다. 하나의 실체를 말하는 문법과 세 위격을 말하는 문법인데, 그 둘은 서로 다르다. 두 언어 계열이 서로의 다름을 넘어 한 단어로 표현되면서 새로운 의미를 창출하고 있다. 그것이 삼위일체. 우리의 논의를 연장한다면, 하나와 셋은 양극단에 해당한다고 볼 수 있다. 그리스도교 역사에서 '한 본질이신 하나님'과 '세 위격을 가진 하나님'이라는 두 극단적인 주장이 부닥쳐 혼란을 일으킨 적이 있다. 고대 교회는 삼위일체라는 언어 형식을 채용하여 문제를 해결한다. 물론 세 하나님이라는 용어 대신 성부 성자 성령으로 표시하지만 말이다. 그 논리적인 설명이 쉽진 않다. 그러나 언어 표현상 '삼위일체'는 실제를 가장 깔끔하고 아름답게 표현한 어휘다. 아주 이상적인 형식이다. 두 주장의 균형점을 이루는 제3의 길을 찾은 것이다.

그렇다면, 오늘날 우리 사회의 불통과 단절을 치유하는 방법도 있을 것이다. 바른 인간관계를 찾는 제3의 길 말이다. 20세기 유대교 철학자 마르틴 부버는 단절된 '나'와 '너' 양단의 관계 회복을 위해서는 중보자가 있어야 한다고 했다. 주장이 다른 양쪽이 서로 티격태격할 때 그 사이에 '영원한 당신'이라는 인격적인 존재가 있어야 한다는 것이다. 유대인인 그에게 영원한 당신은 야웨 하나님을 말한

개치네쒜

다. 이런 사고를 우리의 삶에서 확대하거나 보는 관점을 바꾸면 둘 다 수용할 수 있는 제3의 길이 자리 잡을 수 있지 않을까?

너무 어렵다면 더 쉽게 생각해 보자. 불통으로 야기된 단절은 타인을 이해하려는 소박한 인격적인 노력으로부터 시작하는 것이 좋겠다. 실천 가능한 방법으로 할 수 있는 일, 즉 듣는 일부터 시작해보자. 그러면 소통할 수 있다. 상대의 말을 잘 들어주어야 '나'와 '너'라는 인격적 관계가 성립될 수 있으니까 말이다. 이렇게 소통의 첫 단추가 열리면, 극단적인 두 주장 사이에 '공동의 목표'를 위치시킨다. 그 위치는 어느 쪽으로도 치우치지 않고 양극단의 중간 어딘가가 되어야 할 것이다. 그렇다고 양 끝(주장의 본질)을 무시하면 안 된다. 정체성을 잃을 정도로 무시하면, 마치 남자도 여자도 아닌 중성 인간을 만드는 것이 된다. 중용의 지혜가 필요하다. 양쪽을 다 잘 볼 수 있는 길은 공동의 목표를 찾는 것이다. 여기에 제3의 길로 나아갈 수 있는 기반이 있다.

그렇다. 고대교회에서 삼위일체가 '이것이냐 저것이냐'의 문제를 해결했듯이, 오늘도 분열된 극단적인 의견은 극복할 수 있다. 그것은 '영원자 너'라는 중간자가 존재할 때 '나'와 '너'의 관계를 영원히 지속할 수 있다는 부버의 말처럼, 두 주장을 포용할 수 있는 '공동의 목표'를 설정하고 함께 나가면 된다. '양쪽이 함께'(both and) 가는 제3

의 길이다. 물론 공동의 목표는 나와 너 양쪽이 다 받아들일 수 있는 '보다 높은 비전이 담긴 것'이어야 한다. 그래야 성공 확률이 높다. 때에 따라 '이것이냐 저것이냐'(either or)가 필요할 때도 있지만, 양극단의 폐해가 심하면 '양쪽이 함께'(both and)라는 어젠다가 더 유용하다. 양극단을 극복하는 제3의 길은 어려울 것 같지만, 의외로 아주 쉽게 풀릴 수 있는 문제다.

개치네쒜

숙살(肅殺)과 생장(生長) *

        시월의 초하루를 맞이한 것이 엊그제 같은데 벌써 시월의 중순에 서 있다. 항상 새달이 시작될 무렵이면 지난 한 달 동안 무엇을 했는지, 앞으로 주어지는 한 달은 또 무엇을 해야 하는지, 생각하곤 한다. 시월도 분명 그렇게 시작했다.

  잠깐 지내는 사이에 열흘 너머 보냈다. 그러고 보니 풍세천 둔치를 지날 때 차창 너머로 코스모스가 화려했던 기억이 난다. 그때 본 만발한 코스모스가 아직도 눈에 선한데, 지금 보니 향연이 끝난 지 오래다. 둔치는 이미 푸른 기운을 잃고 갈색으로 변했다. 시간은 움켜쥔 모래처럼 손가락 사이로 숭숭 빠져나간다더니 정말 그런가 보다.

---

*   김성룡 교수의 "숙살과 생장"이라는 글을 저자의 허락을 받아 여기 게재한다.

어깨로 스며드는 바람이 차다. 창을 닫으려다 말고 바깥을 내다보니 길 따라 늘어선 느티나무들도 색이 들었다. 불과 얼마 전에 가을이 시작되었는데 벌써 저렇게 되었나 싶다. 나뭇잎 사이로 햇빛이 반짝이는구나 하고 느꼈었는데 말이다. 확실히 가을 햇빛은 여름과 다르다. 건조하고 잘 부서지는 듯하다. 잘 마른 햇빛이 녹음을 말리고 나뭇잎을 물들인다. 자세히 보니 같은 수종인데도 물든 나뭇잎의 색깔이 다르다. 색깔이 스며드는 방법도 다르며 시작되는 지점도 다르다. 하긴 사람도 저마다 얼굴이 다르고 체형도 다른데, 나무가 다 같으리라고 생각하는 게 무리지.

봄은 생장生長시키고 가을은 숙살肅殺한다. 생장시킨다는 것은 자라게 하고 길러낸다는 말이다. 그에 반하여 숙살 한다는 말은 꺾고 죽인다는 뜻이다. 가을이 되면 한여름의 장하고 탱탱했던 나뭇잎도 어느새 시들어 마른다. 서리라도 맞을라치면 온 세상은 고요한 침묵으로 빠져든다. 그렇게 보니 가을은 숙살의 기운을 갖는다는 말이 맞는 말이다.

가을에 부는 스산하고 쓸쓸한 소슬바람에 숙살의 기운이 담겨 있다. 가을에 유난히 사람들이 외로움을 느끼는 것은 사람 역시 만물과 함께 절기의 변화에 동조하는 까닭일 것이다. 오늘 어깨로 스며드는 찬 기운도 숙살의 절기를 알리는 우주의 기운이리라. 우리 선

개치네쒜

인들은 하늘의 뜻을 받아 하늘을 대신해서 사람을 다스린다고 생각했다.

이처럼 우주에 숙살이 있는 것과 마찬가지로 아무리 인자한 왕도 정치에도 숙살이 있어야 한다고 생각했다. 왕의 정치에서 숙살은 형정刑政을 가리킨다. 사람 사는 곳에 죄가 없을 수 없고 죄가 있으면 책임을 밝혀 형벌을 가해야 한다. 형벌이 없으면 우주에 숙살의 기운이 없는 것과 같다. 우리가 가을의 기운에 으스스함을 느끼는 것처럼, 죄진 일 없어도 법정 주변에서 움츠러드는 데에는 이런 이치가 있다.

자연은 비를 내리고 햇빛을 주어 싹을 틔우고 자라게 하지만 동시에 숙살 하기도 한다. 앞으로 자라날 것을 북돋우고 죽어야 할 것을 넘어뜨리기 위함이다. 숙살 하는 기운 앞에 만물은 생장을 멈추고 움츠러든다. 죽으면 없어지는 것인가. 아니다. 안으로 돌아가 자신을 응축하고 갈무리함으로써 다음의 생장을 준비한다. 이 점이 중요하다. 숙살이 잔학무도함과 다른 것은 바로 이 때문이다.

사람들은 길러내고 자라게 하는 것은 어질고 도탑다 여기고, 쳐내고 꺾어내면 모질고 각박하다고 한다. 하지만 생장의 아름다움도 숙살의 엄숙함으로 말미암아 아름다울 수 있는 법이다. 그저 낳기만 하고 마냥 자라기만 한다면 세상은 혼란스러울 수밖에 없다. 새로운 것이 나타날 틈이 없을 테니까. 때가 되면 어떤 것들을 쳐내고 꺾어 내야 세상이 유지될 수 있다.

이런 점에서 보면 숙살이야말로 생장을 완성하는 것이면서 또한 다음 생장을 가능하게 하는 전제가 되는 셈이다. 이제 갈무리하여 다음 생장을 준비하는 시기가 되었다. 분주하게 지내다 보면 불현듯 많은 시간이 지났음을 알게 된다. 그래도 하늘의 때를 맞추어 시간을 허비하지 않았다는 말을 할 수 있으면 좋겠다.

개치네쒜

6 장

코로나 세상 살아가기

코로나 사태는
역사의 변곡점인가?

　　　　　　　역사에 한 획을 긋는다는 것은 어떤 중요한 사건을 기점으로 그 사건 이전과 이후를 뚜렷하게 구별할 수 있을 때 쓴다. 예수님 탄생 이전을 BC^before Christ라 하고, 탄생 이후를 AD^anno Domino라고 구분하는 것이 대표적인 예라 할 수 있겠다. 고대 교회사를 연구하는 학자들은 AD 325년의 니케아 회의를 기준으로, 니케아 이전과 그 이후로 시대를 구분한다. 또 16세기의 종교개혁은 그 이전과 이후의 사회를 구별하는 하나의 큰 획이다. 이처럼 어떤 큰 변혁을 수반하는 사건이 일어났을 때 그 시점을 기준으로 전과 후가 달라지면, 우리는 그것을 역사에 한 획을 긋는 변곡점이라고 부른다.

　　오늘의 코로나 바이러스 감염사태는 사람들의 삶의 방법을 바꾸

었다. 사람들은 처음에 이 사태를 별것 아니라고 여겼다. 코로나 바이러스가 주로 감염자의 침방울이 튀어 감염된다는 사실을 안 후부터 마스크 착용은 일상이 되었다. 마스크를 쓰면 불편하고 쓰지 않으면 불안하다. 사람이 모이는 자리에서 마스크를 쓰지 않으면 눈총을 받는다. 그래서 사람들은 나다니지 않고 생필품 같은 물건은 온라인으로 주문해 집으로 배달시키곤 한다. 웬만하면 집에 있으려 한다. 방역 당국도 그렇게 권고한다. '집콕', '방콕'이 일상화된 이유다. 함께하는 사회생활의 양식도 바뀌고 있다. 친구와 만나는 일도, 사회적 모임도 줄었다. 설령 친구를 만나도 볼 키스나 포옹, 악수와 같은 인사가 주먹 맞춤이나 팔 터치로 바뀌었다. 식당에서는 한 방향으로만 앉거나 한 자리씩 띄어 앉아 식사한다. 사람들이 모이는 숫

개치네쒜

자에 제한을 두다 보니 결혼식이나 문상 가는 일 역시 조심스럽다. 회사들 역시 재택근무를 할 수밖에 없다. 극장, 전시회, 음악회 등 문화 활동이 위축되고 스포츠나 여가 생활도 제대로 즐길 수 없게 되었다. 그저 집에서 영화를 내리받아 감상하는 정도가 고작이다. 그리고 학생들은 원격수업으로 비대면 교육을 받는다. 주부들은 학교에 가지 않는 아이들 원격교육과 뒷바라지로 정신이 없다. 게다가 집에만 눌러있는 가족이 있으면 세 끼 식사 때문에 고생이 이만 저만이 아니란다.

또 사람들이 모일 때 1~2m 이상 떨어져 있으라는 '사회적(물리적) 거리 두기'가 자연스레 도입되었다. 요즘에는 아예 '생활 속 거리 두기'라고 말하기도 한다. 사람은 본디 서로 모여 대화하고 교류해야 하는데 이제는 서로 떨어져 있어야 좋다고 한다. 젊어서부터 늘 들어 익숙한 '뭉치면 살고 헤어지면 죽는다'라는 옛 구호가 언제 이렇게 바뀌었는가 싶다. 오랫동안 사람들이 모이지 않고 흩어져 있게 된다면 그건 간단한 문제가 아니다. 사람을 사람으로 대하기보다 바이러스 대하듯 할 터인데 우려를 금할 수 없다. 우리 삶에 비인간적인 행태가 정착되는 게 아닌가 하는 의구심 때문이다. 그런 의미에서 사람 사이에 거리를 두는 것은 당장은 필요하겠지만 장기적으로는 바람직하지 않다.

경제생활도 사람들이 활동해야 탄력을 받게 된다. 그런데 지금과 같은 펜데믹 현상에서는 감염 위험성 때문에 경제 활동에 지장이 많다. 상점들은 정부의 지시에 따라 일정 기간 문을 닫기도 한다. 음식점도, 항공사나 여행사도 문을 닫는다. 호텔이나 숙박업소도 폐업한 곳이 많다. 긴 역사를 자랑하던 대형 상점조차 문을 닫는다. 공장들은 가동을 중지해 많은 노동자가 일터를 잃는다. 병원도 일상의 일탈 때문에 쩔쩔맨다. 여객기가 뜨지 않는 공항 역시 한두 군데가 아니다. 사람들의 삶이 무척 고단해졌다. 나라마다 이런 경제적인 어려움을 해소하려고 천문학적인 재난지원금을 현금으로 푼다.

한편 외국에서는 사람들이 휴지를 사재기한다고 한다. 왜 그런지는 모르겠으나, 아마 그들대로 사정이 있을 것이다. 뉴욕에서는 코로나 사태로 사망한 사람이 갑자기 많아졌을 때 시신조차 제때 매장을 하지 못하고 냉동 트럭에 실린 채 방치한 적도 있었다. 비상 상황이다. 미국만 그런 게 아니라 전 세계가 모두 비슷하다. 그런데 선진국에서는 코로나 때문에 개인의 자유를 구속하는 것은 안 된다며 시위하는 사람들이 점점 늘어난다. 이런저런 이유로 백신이 나와도 주사를 맞지 않겠다고 한다. 이 사람들은 고립되는 일상이 바이러스에 전염되는 것보다 무섭다는 것인가? 그 누구도 일찍이 예견하지 못했던 현상이다.

이처럼 코로나 바이러스의 창궐은 우리 삶의 모습을 바꾸고 있다. 사람들은 온라인 교육, 온라인 예배, 온라인 상품구매 등 변화된 환경에 적응하려 애쓴다. 비대면으로 삶을 재조정하는 일에 점차 익숙해 간다. 나이 든 분들이 젊은이들로부터 휴대폰에 앱을 설치하는 방법을 배우는 광경을 흔히 본다. 또 어떤 이는 돈을 더 내고 스팅을 신청하느라 정신이 없다. 더구나 국가 재난지원금, 통신 보조금을 받게 되자 이런 일들은 사람들의 선택이 아니라 거의 필수가 되었다. 사람들은 보편적인 복지를 경험하고 있다. 코로나 사태는 사회 환경을 빠르게 변화시키고 있다.

종교 생활도 비대면 형식의 예배가 도입되면서 그 모임의 모습이 바뀌고 있다. 모이지 말라는 당국의 권고로 신자들은 온라인으로 예배드린다. 사람 사이의 대화나 사귐이 제대로 될 리 없다. 모여 예배드리기 힘들게 된 상황을 일부 교회에서는 방역 당국이나 국가의 지나친 간섭의 탓으로 돌리기도 한다. 정치적인 이유를 붙여서 말이다. 그렇다면 질문해 보자. 지금 예배를 금지해서 모이지 못하는 것인가? 아니면 자발적으로 모이기를 잠시 유보하는 것인가? 작금의 현상은 두 요소가 섞여 있는 것처럼 보인다. 어떻든 비대면 종교 예배는 당국이 금지해서가 아니라 이웃사랑이라는 의미에서 잠시 모임을 자제한다고 생각하는 것이 옳은 방향 같다.

역사를 되돌아보면, 전염병이 창궐하여 많은 사람이 죽은 기록들이 있다. 『총, 균, 쇠』라는 책에 의하면 로마제국 시대에는 유럽, 아시아, 북아프리카를 잇는 해로와 육로가 아주 효과적으로 연결되어 있었다. 세계 교역로의 팽창은 세균이 쉽게 퍼지도록 통로를 제공했다. 천연두가 '안토니우스병'이라는 이름으로 로마에 창궐해, AD 165년~180년에는 수백만 명의 로마제국의 시민이 죽었다. 이후 AD 542~543년에 페스트^{흑사병}가 '유스티아누스 병'이라는 이라는 이름으로 유럽에 처음 나타나 역시 많은 사람이 희생됐다. 그러나 페스트가 유럽을 본격적으로 뒤흔들었던 것은 800여 년이 지난 AD 1346년의 일이었다. 당시 중국과의 육상무역을 위한 새로운 동서교역로가 뚫리면서 교류가 활발해졌다. 이 길을 통해 전염병이 만연하고 있던 중앙아시아로부터 벼룩이 기생하는 모피들이 유럽으로 유입되었다.

그리고 몇 년이 지난 후 페스트는 1352년까지 유럽 인구의 4분의 1을 죽음으로 몰아넣었다. 일부 도시에서는 이 병으로 인한 사망률이 70%에 달하기도 했다. 미처 두 세기도 지나지 않아 1525년 유럽에 다시 페스트가 창궐했다. 이때도 많은 사람이 죽었다. 특히 감염 현장에 가까이 있었던 성직자들의 희생이 많았다. 이들은 타인에게 병을 전염시키지 않도록 나름대로 최선을 다했다. 당시 종교개혁자

개치네쒜

마르틴 루터는 1527년에 자신이 페스트에 걸려 고생했으며 자녀들이 병으로 희생되었는데도 자기가 살던 집을 병원으로 제공하는 등 이웃을 섬기는 모범을 보였다. 그는 이웃을 섬기는 것이 하나님을 섬기는 일이라는 확신으로 하나님에 대한 믿음은 반드시 이웃에 대한 사랑으로 표출되어야 한다고 말한다. 현대의학이 발달하기 전이었던 이 시대에 각종 전염병이 유행할 때마다 무서워하는 사람들을 위로하고 돌보는 일은 전적으로 지역 성직자들의 몫이었다.

그러나 인류 역사상 가장 심했던 전염병은 아마 제1차 세계대전이 끝날 무렵 2,100만 명을 죽음으로 몰아넣은 인플루엔자였을 것이다. 후유증이 많았던 전쟁이었다. 전쟁 중에 전투로 죽은 사람보다 전염병으로 더 많은 사람이 죽었다. 그러나 후대의 사가들은 사람이 많이 죽은 사실을 전쟁의 참혹한 결과 정도로만 여겼다. 사회생활 행태를 통째로 바꾸지는 않았기 때문이다. 이때까지만 해도 의학적 방역체계나 전문 의료진이 충분치 않았다. 이후 현대의학의 발

전으로 지금은 바이러스로 인한 감염은 많이 줄었다. 그럼에도 불구하고 코로나19 바이러스 때문에 야기된 세계적인 팬데믹 상황은 현실이다. 모든 나라가 이 사태로 전전긍긍한다.

사회는 코로나 사태로 급격한 변화를 겪고 있다. 예수님 이전과 이후가 AD와 BC로 구별되는 것처럼 코로나 사태 이전과 이후 역시 구별된다. 삶의 전 분야에 걸쳐 사람들의 세계관이 바뀌었고 삶의 방법도 달라졌다. 이런 변화는 작은 변화가 아니다. 사회 전반에 큰 영향을 미치고 있어서 이 사태는 이미 역사에 한 획을 긋는 변곡점이 되었다. 그 점 부인할 수가 없다. 지난 세기나 금세기에 코로나 바이러스의 창궐처럼 세계 대변혁을 초래한 이런 규모의 사태가 있었던가? 기억나지 않는다.

돌도끼가 사라져서
철기시대가 온 게 아니다

석기 시대 이후 철기 시대가 왔다. 아무도 돌도끼가 없어서 철기 시대가 왔다고 생각하지는 않는다. 오히려 그 반대다. 철기 시대가 도래하니까 돌을 사용할 필요가 없어 돌도끼가 사라진 것뿐이다. 지금 우리는 코로나 바이러스 사태로 한바탕 진통을 겪으면서 새 시대에 진입하고 있다. 이전과는 전혀 다른 생활방식이 정착되고 있다. 그것은 구시대의 오랜 관습과 적폐가 청산돼 새 시대가 온 것이 아니라, 새 시대가 왔기에 구습이 타파되는 것이다. 물론 현실로 다가온 새 시대는 어이없게도 한 미물微物에 불과한 바이러스가 기폭제 역할을 했다. 이제 옛 관습으로 다시 돌아갈 수 없음을 말해준다.

코로나 팬데믹 현상이 지배하는 변화의 시기는 우리가 극복해야 할 위기임이 분명하다. 지금까지는 우리가 잘 대처하고 있다. 거기엔 이유가 있다. 우선 우리나라는 IT 인프라가 아주 잘 구축된 나라다. 우리가 인터넷으로 날아다닐 때 미국이나 유럽은 기어 다니는 속도였다. 또 아직은 우리가 제조 강국이라는 점도 간과할 수 없다. 세계 각국이 마스크 생산조차 애로를 겪는 것을 보면, 우리가 원하는 상품을 필요할 때 다 만들 수 있는 현실이 자랑스럽다. 이런 사정들이 코로나 위기를 극복할 수 있는 성공 요인일 것이다. 그러나 이런 주어진 조건들만으로 우리가 위기를 극복했다고는 생각되지 않는다. 거기에는 더 큰 내적 요인이 있다.

우선 우리는 당황하지 않았다. 성숙한 태도로 역량을 충분히 발휘했다. 다가온 어려움을 극복할 수 있다는 의지를 다졌다. 다른 나라에서처럼 휴지나 필수품을 사재기하지 않았다. 오히려 순발력 있는 창의력을 최대한 발휘했다. 유전자 증폭 검사를 개발해 세계인의 감탄을 샀다. 남보다 앞선 새 진단키트로 감염 확진 여부를 빠르게 진단하는 것도 빼놓을 수 없다. 우리 민족 특유의 빨리빨리 정신이 순기능을 발휘해 검진 속도를 높인 것이다. 그리고 '드라이브 스루Drive Thru'라는 기발한 아이디어로 검진 현장의 어려움을 타파하곤 했다. 그러나 그보다 더 중요한 것은 우리 의료진과 자원봉사자들의 헌신이다. 현장으로 뛰어든 그들의 봉사는 그 무엇과도 비교할 수 없는

개치네쒜

아름다운 모습이었다. 그들은 위의 지시만을 기다리느라 때를 놓치는 우를 범하지도 않았다. 이런 헌신이 있었기에 코로나 바이러스 사태에 잘 대처할 수 있었다.

우리의 이런 발 빠른 창의적 방식을 보고 선진국 사람들은 그동안 가졌던 생각을 바꾸고 있다. 지금까지 우리를 "제까짓 게 해봐야~" 하던 태도를 바꿔 이제는 감탄의 눈으로 바라보고 배우려 한다. 자부심을 느낄 만하다. 그러나 우리가 세계인의 이런 시선에 즐거워하며 샴페인을 일찍 터트리고 그 자리에 안주하는 것이 아쉽다. 안일함 때문이든, 자기 자랑에 심취해서든, 정치적인 이유 때문이든 냉정을 되찾지 않으면 자부심이 의구심으로 변하는 것은 시간문제인데 참 걱정이다. 백신 도입의 늦장 문제가 이를 잘 말하고 있다. 간과하지 말 일이다. 우리가 자부심에 젖어 있는 동안 세계인들은 자신들이 처한 환경을 재빨리 개선하고 다가올 일을 준비하고 있는 것이다. 우리도 가만히 이대로 있을 수는 없다. 새로운 환경에 더 적극적으로 적응하는 노력을 해야 한다. K-방역 잘했다고 자랑만 할 때가 아니다.

코로나 사태는 하나의 돌발사건일 뿐이다. '생각지 않은 것'이 우리가 '준비하던 미래'보다 앞서 왔다. 언뜻 보면 코로나 사태가 옛 삶의 방식을 청산하고 새로운 삶의 방식으로 바꾸라는 것처럼 보인다.

그러나 삶은 돌발적인 '우연'이 아니라 우리가 '준비'해 온 미래 때문에 바뀌는 것이다. 우연은 삶의 지배 요소가 아니다. 삶에 기회를 제공할 뿐이다. 이 점을 잘 기억해 두자. 코로나 사태는 변화의 계기를 가져온 것뿐이다. 새 삶은 시대정신이 지배한다. 코로나 돌발사태로 옛것이 사라졌으니까 새것이 등장한다고 생각하지 말자. 돌도끼가 사라져서 철기 시대가 온 게 아니다. 철의 효용성이라는 시대정신이 나타나자 돌도끼라는 옛 삶의 방식이 사라졌다. 그러므로 4차 산업혁명을 가속화하고 지구 생태를 그린 환경으로 재정비하는 등 다가오는 시대정신을 직시하자. 우연이 아니라 준비된 대안으로 위기를 기회로 만들어야 할 것이다.

개치네쒜

코로나 사태가 바꾼 일상들

        이 글은 코로나 사태 초기에 썼다. 이 글을 쓸 때 코로나 전과 후를 비교한 글이 별로 없었다. 그때 내가 느낀 대로 자유롭게 썼다. 몇 달이 지난 후 코로나 사태 전과 후를 비교하는 글들이 여기저기 등장했다. 유려한 문체로 설득력 있는 글이 대부분이었다. 내가 관찰했던 것보다 더 논리적이고 예리한 시각이 많았다. 그래서 내 글이 초라해졌다. 그래도 내가 느끼고 기록한 원고를 폐기하지 않고 조금 수정만 했다. 그게 나니까.

    우리는 지금 인간이 바이러스라는 한낱 미생물 앞에서 얼마나 무력한지 처절하게 깨닫고 있다. 문명인을 자처하는 우리에겐 수치스러운 일이지만 어쩔 수 없다. 이미 코로나 바이러스는 우리에게서 많은 것을 앗아가고 불편과 고단함을 안겨주었다. 그러나 이 고통이

끝나면 어떤 것은 이전보다 나아져야 한다. 이미 나아지고 있는 것도 있다. 이제 코로나가 바꾸고 있는 세상의 풍경을 보자.

첫째, 검역 당국에서 끊임없이 마스크를 쓰라고 말한다. 그래서 지금은 누구나 너나없이 모두 마스크를 쓰고 다닌다. 서로를 배려하는 분위기다. 마스크를 쓰느냐 안 쓰느냐보다 어떤 디자인의 마스크를 쓰느냐가 관심사가 되기도 한다. 마스크를 쓰면 이상한 사람이나 범죄자처럼 여기던 서구인들도 지금은 마스크를 쓰고 다닌다. 다만 트럼프 대통령은 예외다. 그는 마스크 쓰기를 싫어한다. 그런데 그와는 반대로 내 고지식한 손녀는 항상 마스크를 쓴다. 주위에 사람이 없어도 마스크를 벗으면 큰일 나는 줄로 안다. 영 융통성이 없다. 게다가 통풍이 잘되는 마스크가 아닌 답답한 KF-94 마스크만을 고집한다. 종일 쓰고 있으니 습기가 차서 코와 입 주변이 부르트는 것이 예사다. 언젠가는 수업 도중에 숨쉬기 힘들다고 조퇴한 적도 있다. 선생님 말씀과 규정을 너무 잘 지켜서 문제다. 이걸 좋다고 해야 하나 말아야 하나.

둘째, 사람들의 위생에 대한 관점이 달라졌다. 손을 자주 씻는다. 손을 씻는 것은 나를 위한 것이요 동시에 남을 위하는 행동이다. 씻지 않은 손으로 손잡이와 엘리베이터 버튼, 책상 서랍을 만진다고 생각해보라. 남을 배려하지 않으면 모두가 불행해진다. 손은 열심히 씻어줘야 한다. 어쨌든 코로나 사태로 이제는 사람들이 손을 깨끗이 씻으면서 보다 청결한 삶을 살고 있다. 공중화장실에서 볼일을 본 뒤 손을 씻지 않는 사람도 거의 사라진 듯하다. 오히려 화장실에서 손만 씻고 나가는 사람이 늘어났다. 기침 예절 또한 달라졌다. 나부터도 이전엔 기침이나 재채기를 할 때 그저 손으로 입을 가리는 정도였는데, 이제 옷 소매로 입을 틀어막는 게 습관이 됐다. 코로나 사태 이전에는 버스나 지하철에서 가끔 재채기하는 사람도 봤지만 이제 그런 사람은 찾아볼 수 없다. 오히려 불필요한 시선을 피하려고 잔기침조차 참는 사람이 많아졌다.

셋째, 사회적 거리 두기에 대한 인식이다. '사회적 거리'라는 말은 학술용어이고 세계보건기구는 '물리적 거리'라는 말을 권장한다. 사람 사이에 1~2m 정도의 물리적 간격을 두자는 취지다. '생활 속 거리 두기'라고도 하고 줄여서 '거리 두기'라고도 한다. 인구밀도가 높은 지역에서 대중교통을 이용하면서 거리 두기를 유지한다는 것은 욕심에 가까운 것이다. 그러나 뒷사람의 쇼핑 카트에 발뒤꿈치가 찍히고, 뒷사람 숨소리 들으며 현금 지급기 버튼을 눌러본 경험이 있다면 생활 속 거리 두기라는 인식 자체가 반갑다. 어쨌든 평소에 줄설 때마다 앞뒤가 좀 떨어졌으면 했는데, 이제는 코로나 때문에 자연히 그렇게 됐다. 불행 중 다행이라 하겠다.

넷째, 무엇보다도 좋아진 것은 공기가 맑아졌다는 점이다. 작년 이맘때 미세먼지 때문에 마스크를 자주 쓰고 다녔다. 그런데 요즘 미세먼지 수치가 예년처럼 높지 않다. 종종 산책하러 나가서 맑은 공기를 한껏 들이마시곤 한다. 사람들이 집 안에만 틀어박혀 운행차량이 준 것인가? 아니면 정말 중국공장이 덜 돌아가면서 공기가 좋아진 것일까? 중국에서 코로나 사태로 3천 명 넘게 숨졌다지만, 미국 스탠퍼드대학교의 연구에 따르면 대기오염이 줄면서 최대 7만 5천 명이 조기 사망을 면할 것이라고 한다. 전염병이 돌아서 모든 것이 나빠진 것만은 아닌 것 같다.

그뿐 아니다. 마지막으로, 코로나 19가 바꾼 세상의 풍경이 또 있다. 학교가 온라인 개학을 했다. 조금 더 있으면 학생들이 실제로 등

개치네쒜

교할 것이다. 학부모들의 걱정이 이만저만이 아니다. 특히 코로나 바이러스가 창궐하고 있는 지금 외국에 자녀를 유학 보낸 학부모들은 속이 탄다. 한 기러기 아빠의 경우를 보자. 외국에 유학 가 있는 아들한테 전화를 받았다. 효자와는 거리가 멀었던 아들의 전화는 항상 불평 아니면 돈 부처달라는 것이었기에 빨리 끊으려고 했다. 그런데 아들이 평소와는 달리 울먹이면서 한마디 한다. "아빠 괜찮아?" 이 말을 들은 아빠 갑자기 울컥했다. 코로나 19가 한 아들을 효자로 만들었다. 바뀐 세상의 한 풍경이다.

물론 그렇다 해도 코로나 바이러스에 감염될 위험이 없는 세상이 훨씬 나을 것이다. 우리는 급격한 기후변화나 인공지능의 발전으로 세상이 바뀔 거라고 할 때도 다가올 미래를 어느 정도 짐작하고 감당할 수 있었다. 그런데 지금의 코로나 바이러스 감염사태는 다르다. 감염 속도가 너무 빨라 대처하기가 힘들다. 우리를 무섭게 압박하는 재앙으로 다가와 미래를 가늠할 수도 없다. 그래서 불안하다. 그러나 불안하다고 해서 이 미생물이 우리에게 준 것을 모두 다 버리지는 말자. 사회변화에 긍정적 역할을 한 측면도 있으니까 말이다. 우리는 비싼 대가를 치른 만큼 얻은 것을 잘 추슬러야 할 것이다.

코로나 사태가
관습을 개선했다

내가 웬만해서는 스쳐 가는 사람의 일에 눈 돌리는 법 없건만 의식적으로 흘낏 뒤돌아보거나 쳐다보는 경우가 있다. 옆이나 뒤에 있는 사람이 큰소리로 재채기하거나 연속으로 기침을 할 때다. 손이나 옷 소매로 입을 가리지도 않는다. 주위 사람을 의식하지 않고 소신껏 해(?) 댄다. 버스나 지하철에서 뒤통수에 대고 산탄총 쏘듯 재채기하는 사람도 봤다. 그 상황, 절대로 기분 좋을 리 없다. 문명인답지 않은 행위니까.

이런 부류 속에 보기 싫은 광경도 있다. 호텔 현관처럼 반들반들하게 닦은 대리석 바닥이나 깨끗한 아스팔트 길 위에 침을 뱉는 사람을 볼 때다. 꼴불견이다. 담배를 피운 후엔 입에 고인 침을 뱉어야 개운하다지만 자기만 좋을 뿐이다. 남에겐 볼썽사납고 예의도 아닐뿐더러 공익이나 위생상으로도 문제다. 그런데 더한 꼴불견도 있다.

개치네쒜

옛날부터 내려온 습관이기는 하나 아무 데서나 한쪽 콧구멍으로 체액을 발사하는 묘기를 부리는 사람이다. 그리곤 아무렇지도 않은 듯 행동한다. 사람이 별로 없는 시골에 있는 밭에서 그랬다면 그러려니 하겠으나 여러 사람이 함께 어울리는 곳에서라면 이건 민폐다. 이런 묘기가 이젠 사라져야 할 때다.

희한하게도 이런 문명인답지 않은 행동이 저절로 줄어들고 있다. 사람들의 재채기나 기침 예절이 달라졌다. 옷 소매로 입을 막고 기침이나 재채기를 한다. 기침을 참는 사람도 많아졌다. 불필요한 시선을 피해 보자는 것이리라. 또 한 손을 코에 대고 꼴사납게 '헹'하니 코 푸는 사람의 모습도 찾아볼 수 없다. 교육이나 예절 캠페인으로도 고쳐지기가 쉽지 않던 관습이 놀랍게도 스스로 순화되고 개선된

것이다. 코로나 바이러스가 다녀간 후로 그렇게 되었다. 온 나라가
보이지도 않는 바이러스 때문에 어려운 일을 많이 겪었으나, 작은
개선이라도 이루어진 모습에 위안을 느낀다.

개치네쒜

초등학생에게
물리적 거리를 두게 하기

　　　　　　　　코로나 바이러스 때문에 나다니지 못해 자유롭지는 못하지만 그렇다고 두뇌의 상상력까지 자유롭지 못한 것은 아니다. 바다에서 카누를 즐기던 청년은 코로나로 나갈 수가 없게 되자 방안 침대보와 이불, 베게 등을 총동원하여 큰 파도처럼 만들고 그 안에서 360도를 도는 묘기를 보여준다. 전문 등반대원 역시 벽에 이불 등 모든 것을 쌓아놓고 마치 얼음으로 덮인 산을 타듯이 피켈과 아이젠으로 한발 한발 올라가는 영상을 그럴듯하게 제작, 배포하기도 했다. 상상력은 이런 모습을 만든다. 인간의 상상력은 정말 끝이 없나 보다.

　　코로나 바이러스 사태가 어느 정도 진정되어가는 것 같으나 확실히 끝났다는 소식은 없다. 그래도 때가 되면 학생들을 등교시켜야 한다. 중고등학생은 서로의 접촉을 최소화하도록 지도할 수 있겠지만, 초등학생을 학교에 보내는 것은 좀 다르다. 서로 어울리면 위험하니 물리적인 거리를 두라고 아무리 강조해도 오래갈 것 같지 않다. 공부만 함께 하는 것이 아니라 장난도 치고 놀다 보면 어쩔 수 없이 밀접 접촉을 할 수밖에 없을 것이다. 아이들의 생리가 그렇다. 그렇다면 강압적인 방법 말고 아이들의 상호접촉을 막고 물리적 거리를 유지하게 하는 방법은 없을까? 왜 없겠는가? 상상력을 한번 발휘해 보자.

첫째, 옛날 선비들이 쓰던 모자 '갓'에서 아이디어를 짜내보자. 갓은 가벼우면서도 챙이 넓다. 양반용 갓은 챙이 아주 넓은데 이보다 훨씬 더 넓고 가벼운 챙이 있는 모자를 만든다. 물론 모자가 벗겨지지 않도록 턱 끈을 매도록 한다. 쉽게 풀리지 않게 엄마가 꼭꼭 매준

개치네쒜

다. 모든 학생이 이 모자를 항상 쓰게 하고 수업 시간에도 쓰게 하자. 중국의 저장성에 있는 한 초등학교에서 옛날 왕 앞에 부복한 신하들이 썼던 관모처럼 생긴 날개 달린 모자를 쓰고 학생들이 등교하는 뉴스를 보았다. 내 생각과 어찌 그리도 비슷한지…. 내가 먼저인지 그들이 먼저인지 모르겠다. 어쨌든 이 새로운 고전 스타일의 모자를 쓰고 생활한다면 물리적 거리 두기는 자연히 실천될 것이다.

둘째, 어깨가 차고 결릴 때 어깨에 걸치는 따뜻한 '워머'가 있다. 전기로 하는 것이 있고, 곡식을 데워 따뜻하게 하는 것도 있으며, 물을 데워 쓰는 워머도 있다. 이 워머 대신 가볍고 빳빳한 플라스틱 재료로 만든 코로나 대처용 워머(?)를 어깨에 얹어 메도록 하자. 거기에 역시 가볍고 긴 막대 여러 개를 달면 어느 쪽에서도 가까이하기가 쉽지 않다. 이것을 벗기 전에는 밀접 접촉이 이루어질 수 없다. 학생들의 어깨에 이 코로나 대처용 워머를 걸치게 하고 학교에 보내면 어떨까.

셋째, 황당한 얘기처럼 들릴지 모르겠지만 아이디어는 이렇다. 레오나르도 다 빈치의 날틀 데상에서 얻은 아이디어다. 먼저 허리에 매는 단단하고 두툼한 벨트를 구하자. 거기에 구멍 여러 개를 뚫어 그곳에 아주 가벼운 1m 이상의 긴 막대 봉을 붙인다. 봉의 끝을 마치 우산 바깥 끝처럼 줄로 서로 연결해 둥근 치마처럼 만든다. 그걸 입고 다니면 된다. 위아래 좌우로 치마폭을 움직일 수 있으니까 별 문제 없다. 다만 사람들이 많이 다니는 좁은 골목에서 마주치는 사람을 피하려면 치마폭을 움직여야 하므로 고생스럽기는 할 것이다.

이런 시도들은 신기해서라도 학생들이 당분간은 사용할 것이다. 물론 얼마 후에는 싫증 내겠지만 말이다. 그러나 일단은 시간을 버는 것이니까 성공한 것 아니겠는가? 그때쯤이면 방역 당국의 노력이 효력을 나타내고 좋은 백신이나 치료제가 개발돼 코로나 바이러스가 어느 정도 제어되지 않을까 한다. 확진자가 별로 생기지도 않을 테고 학부모들이 걱정하지 않게 될 확률이 높다. 나중에 다른 문제가 생기면 그때 가서 생각하자. 상황에 맞는 적절한 아이디어가 또 나올 것이다. 어떤가? 벤처 정신으로 한번 생각해 본 거다(참고로 이 글은 코로나 바이러스 사태 초기에 썼다).

아유 답답해

정말 답답하다. 교회를 중심으로 퍼지는 코로나 바이러스의 감염 속도가 아주 빠르다. 그래서 정부 방역 당국에서는 감염 예방을 위한 여러 조치를 권고하고 있다. 예방 차원에서 밀폐된 공간에 모이지 말고, 비말이 날리는 공간 밖에 있도록 사회적 거리를 확보하며, 모여 드리는 예배 행위를 당분간 자제하라고 연일 권고한다. 공공의 안전을 위해 모이는 예배를 한시적으로 자제하자고 한다. 심지어 위반 시에는 법적 조치까지 하겠다고 한다. 공공의 안전을 위해서는 그렇게 할 수밖에 없다.

그런데 이런 권고를 어기며 모여 예배를 강행하는 교회가 있다. 마치 이것이 신앙을 지키는 덕인 것처럼 생각하고 모임 자제 권고를 종교 탄압이라고 하면서 받아들이지 못한다. 신앙의 자유를 훼손한다는 것이다. 좋게 말해 이 교회의 신자는 고지식한 사람들이다. 그런데 솔직히 말하자면 답답한 사람들이다. 일상에서 비류가 쓰는 말을 내뱉고 싶으나 그저 입안에서만 뱅뱅 돈다. 신앙의 자유를 지킨다고 예배드리다 덜컥 확진 환자라도 생긴다면 어찌할 것인가? 실제로 이런 일이 여러 번 일어났다. 부랴부랴 예배 처소를 소독한다. 예배드린 모든 사람의 역학조사를 하고 자가격리도 한다. 당사자들은 불편을 감수할 수밖에 없다. 이런 상황은 그렇지 않아도 손이 부족한 의료진을 바쁘게 할 뿐 아니라 결과적으로 사회적 비용도 많이 나간다.

교회는 이웃을 섬기고 봉사하는 공동체다. 그런데 사람들이 "정부가 모이지 말라고 하는데 왜 모여? 불안해 못 살겠어. 자기들만 생각

개치네쒜

하는 교회가 문제야" 하고 손가락질한다면 이게 뭔가? 이웃을 섬기는 교회가 이웃의 짐을 져 주지는 못할망정 이웃에게 짐이 되는 꼴이다. 이웃에게 불안과 부담만 주는 교회가 과연 교회다운 교회일까? 이래서야 어디, 참으로 걱정된다. 천안의 어느 교회 담임목사가 교인들에게 쓴 글귀가 생각난다. "예배드리면 죽인다고 칼이 들어올 때, 목숨을 걸고 예배드리는 것이 신앙입니다. 그러나 예배 모임이 칼이 되어 이웃의 목숨을 위태롭게 하면 모이지 않는 것이 신앙입니다." 신앙인이라면 한번 음미해야 할 필요가 있는 글이다.

물론 생각해보면 교회는 부름을 받은 회중의 모임_{에클레시아}인데, 모이지 않는 교회가 있을 수 있느냐고 질문할 수 있다. 쉽게 답할 수 없는 신학적 검토가 필요한 문제다. 그리스도교는 어떤 경우에도 예배를 폐하지는 않았다. 순교하면서까지 그 믿는 바 신앙을 지켜왔던 전통이 있다. 그것이 그리스도교를 그리스도교답게 한 것이다. 그래서 그리스도인들은 체질적으로 신앙의 자유를 억압하거나 예배를 금하는 조치에 대해서는 완강히 저항해 왔다.

실제로 그리스도교의 초창기를 보자. 당시 로마인들은 황제의 영_靈을 신성시해 신으로 섬겼다. 수많은 신을 섬기던 로마인들은 황제를 숭배하는 의식에 아무런 어려움을 느끼지 않았고 오히려 그것을 국가를 위한 충성이라고 여겼다. 하지만 그리스도인에게 황제 숭배는 명백한 우상 숭배였다. 하여 그리스도인들은 황제 숭배나 로마의 다른 신 섬기기를 거부하고 그리스도만을 경배해 왔다. 로마인들은 그게 싫었다. 자기들이 믿는 신을 믿지 않는 그리스도인을 믿음 없는 사람이라고 공격하고 박해했다. 이런 이유로 당시 교회 지도자였던 폴리캅을 비롯한 많은 신자가 순교했다. 이런 종교 탄압에도 그리스도인들은 예배드리는 일을 중지하지 않았다.

그러나 작금의 예배 강행은 그와는 결을 달리한다. 모여서 예배를 강행해야 한다는 이유는, 아마도 '방역상 모임을 금※해 달라는 당국의 요구'와 '예배를 금※한다는 종교 탄압'을 동일선상에 놓았기 때문일 것이다. 전혀 같은 얘기가 아닌데 그 외양만 보면 묘하게도 '금※하라'는 말이 겹쳐 보인다. 그래서 사려 깊지 못한 사람들이 올바로 판단하지 못하는 것 같다. 정부의 권고안은 근본적으로 신앙의 자유를 제한하거나 종교를 탄압하는 것이 아니다. 오늘날 우리나라 정부는 그런 일을 하지 않는다. 사람들이 코로나 바이러스에 감염될 위험이 있으니 교회는 공공의 안전을 위해 당분간 모임을 중지해 달라는 요구다. 전염병의 전파를 막겠다는 것이므로 종교 탄압과는 아무런 관련이 없다. 예배라는 신앙의 문제가 아니라 모임 자제라는 방역의 문제인 것이다. 그러므로 정부의 권고나 조치에 교회가 종교 탄압의 문제로 접근하는 것은 옳지 않다.

개치네쒜

이제 우리는 신앙의 본질적인 차원과 비본질적인 것을 구별할 필요가 있다. 그리스도인은 종교 탄압이나 신앙 규제에 대해서는 강력히 저항해야겠지만, 방역과 같은 공공의 안전을 위한 요구에는 응해야 한다. 그것이 건전한 신앙인의 자세다. 그리스도인이 예배를 폐할 수 없다는 주장은 신앙적으로 옳다. 그러나 코로나 바이러스의 전염 가능성이 큰 환경에서 무조건 예배를 강행해야 한다고 주장한다면 그건 고지식한 소신처럼 들려 쓸쓸함을 떨칠 수 없다. 종교적 소신은 항상 조심해서 밝혀야 한다.

정부도 정치적인 목적을 이루기 위해 방역을 핑계 삼아 예배를 막는다거나, 예배에 불필요한 간섭을 해서는 안 될 것이다. 그것은 큰 저항을 불러일으킬 것이다. 한편 그리스도인은 정부가 모임을 금한다고 단세포적으로 생각하지 말자. 오히려 공공과 방역을 위해 모임의 형식을 달리해 예배드리는 방안을 모색하는 것이 좋겠다. 예배 자체가 아니라 예배형식이라면 조정할 수 있을 것이다. 실제로 온라인 예배를 드리는 교회도 있으니 신앙생활에는 큰 어려움이 없어 보인다. 그러므로 신앙을 지킨다고 불필요한 억지나 고집을 부리지는 말자. 이런 고집은 영웅 심리 때문이든, 정치적 이해 때문이든, 깊은 사색이 없어서든, 아무튼 신앙의 본질과는 관계가 없다. 깊이 생각하자.

고지식함을 탈피하는 융통성

        종교개혁이 끝나고 150년 정도 지났을 무렵, 그리스도인들이 가톨릭교회와 프로테스탄트 교회로 나뉘어 서로 물어뜯고 싸울 때 코메니우스는 유명한 질문을 던졌다. "이것이 저 높은 분의 가르침을 실천하는 방법인가?" 예수의 가르침이 서로 전쟁하고 죽이는 것이 아니라 사랑하라고 하지 않았느냐고 문제를 제기한 것이다. 전쟁에 임하는 사람의 사회적 역할과 개인적 차원을 어떻게 구별하는가 하는 윤리적 질문이다. 오늘도 내용은 다르지만 비슷한 문제가 대두되고 있다. 코로나 바이러스의 확산으로 사회적 요구와 개인적 실천의 조화문제가 제기된 것이다.

    방역 당국에서 코로나 바이러스의 전염을 막기 위해 방역 수칙을 꼭 지키고 마스크를 의무적으로 써야 한다고 방송 매체를 통해 계속

개치 네쒜

권고하고 있다. 또 모임이 있을 때 사람들 사이에 1-2m 정도의 거리를 두는 이른바 '사회적(물리적) 거리 두기' 정책을 시행하고 있다. 옛날에는 들어보지도 못한 신조어 같긴 하지만 그래도 국가에서 국민을 보호하기 위해서 실천하라고 하니 사람들은 불편을 느끼지만 대체로 따르고 있다. 사회 구성원 서로 서로가 이웃을 위해 취할 수 있는 최선의 길로 보이기 때문이다. 이성적으로 생각해보아도 그렇게 할 수밖에 없다. 그러나 이런 요구는 권고보다 지침으로 들린다. 내 생각은 그 실천을 법, 규정, 지침 같은 것으로 정하지 말고 사람들에게 권고해 설득시키는 방법으로 나가야 한다고 본다. 규정으로 정하면 사각지대 같은 영역이 생길 수 있기 때문이다. 정부나 방역 당국이 이 수준을 넘지 않기를 바란다. 그렇다고 마스크를 쓰지 않으려는 사람이나 거리 두기를 하지 않는 사람의 입장을 두둔하려는 것은 아니다.

나는 매일 '빠르게 걷기' 운동을 한다. 이날도 초등학교 운동장으로 나갔는데, 운동장에서 초등학생 두 명이 축구공을 가지고 놀고 있었다. 늘 하던 대로 운동장 주위를 걷기 시작했다. 두어 바퀴 돌았을 때 '배움터 지킴이'라는 띠를 띤 중년 여인이 다가와 한마디 한다. "마스크 쓰세요." "여기 아무도 없는데…." "그래도 쓰세요"라고 한다. 적당히 어물쩍 대답했는데, 들은 체도 않고 고지식하게 또 "쓰세요"

한다. 그 기세에 눌리기도 했고 또 틀린 말도 아니어서 목에 걸쳤던 마스크를 코 위까지 덮어 썼다. 텅 빈 운동장 가운데에서는 초등학생 두 명이 공을 차고 있고 나는 운동장 주위를 빠른 걸음으로 걷기 운동을 하고 있었다. 지킴이 아줌마와 나는 그들과 적어도 50m 이상 떨어진 곳에 있고, 그 외에는 아무도 없었다. 마스크를 쓰라는 것은 사람의 입에서 튀어나오는 비말을 피하기 위해 물리적으로 충분한 거리를 두라는 것이다. 그렇게 보면 지금은 거리 두기를 적용할 필요가 없는 상황이었다. 주위에 사람도 없는데, 마스크를 쓰란다. 아마 그렇게 교육받았거나 지시받았을 것이다. 아니면 그녀 혼자 생각으로 학교에서 마스크는 무조건 써야 한다고 고지식하게 생각했으리라. 허참!

내가 사각지대라고 하는 말은 삶의 현장에서 지침이나 규정을 적용할 때 드러나는 불필요한 일들을 말한다. 즉, 지침이나 규정이 현실과 부합하지 않을 때 어떻게 처신하느냐다. 텅 빈 운동장에서 운동할 때 나는 마스크 안에 생기는 습기도 막고 편하게 숨 쉴 수 있으니까 마스크를 벗고 운동한다. 사람도 없는 넓은 공터에서 마스크를 벗고 운동하는 행동이 배움터에서 감염되거나 감염원을 전파할 가능성은 전혀 없다. 그런데도 규정이니까 마스크를 써야 한다면 그건 과잉 조치다. 감염 위험도 없는데 형식적으로 규정만 준수하라고 요구하는 것이 상식으로는 이해되지 않는다. 이것이 내가 말하는 사각지대라는 말의 의미다. 그래서 규정을 만들고 그것을 준수하라고 하는 것보다 탄력 있는 권고가 더 좋다고 보는 것이다.

어떤 일이든 원래의 뜻과 취지를 살피지 않고 규정이니까 수행해야만 한다는 것은 많은 문제를 낳는다. 어떤 규정을 형식적으로만 따르는 것은 융통성 없는 소치다. 소극적 행동이 쌓이면 그렇게 된다. 나는 그게 전혀 맘에 들지 않는다. 사람들이 왕래하는 길도 아니요, 물건을 팔고 사는 시장도 아닌 텅 빈 공터에서 홀로 KF-94 마스크를 쓰고 운동해 보라. 그 답답함은 짜증이 나지 않을 수 없다. 그래도 공적인 측면에서 정부가 야외 활동에서 마스크를 꼭 쓰라고 하니 쓰기는 써야 한다. 정부의 권고를 받아들여 모든 이가 마스크를 착용하도록 유도할 필요도 있다. 그래서 지킴이 아줌마처럼 그렇게 얘

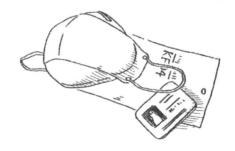

기할 수밖에 없다. 내가 지킴이 아줌마의 말에 달리 토를 달 이유는 없다. 그러나 이 아줌마에게 이 말만은 꼭 전하고 싶다. "그런 경우에는 마스크 쓰라고 하지 않아도 된다"라고 고지식함과 융통성의 차이를 생각해보면서 이런 경우엔 탄력성 있게 적용하면 어떨까 한다.

개치네쒜